OL STRONGPELA HAUSLAIN TOK BILONG NASARIN SIOS

Yumi husat—Yumi bilip long wanem samting

SIOS BILONG GOD,
GAT BIKPELA MAK ANTAP MOA YET
LONG GRAUN NA LONG HEVEN,
IGAT KAINKAIN BUNG I KAMAP,
SKULIM OL KAINKAIN TOK,
NA LOTUIM GOD WANTAIM ARAPELA,
TASOL MEKIM OLGETA OL DISPELA
SAMTING I KAMAP BILONG HELPIM
NA MEKIM WAN WAN MAN
NA MERI LONG KAMAP
OLSEM PIKSA BILONG
PIKININI BILONG GOD.

-FINIAS F. BRISII
NAMBA WAN JENERAL SUPERINTENDEN
BILONG NASARIN SIOS

HETTOK BILONG OL TOKTOK ISTAP INSAIT

WELKAM LONG OL STRONGPELA HAUSLAIN

TOK BILONG NASARIN SIOS   5

PASIN BILIP BILONG WESLI NA PASIN

HOLI YUMI KISIM   6

SIOS BILONG YUMI LONG OLGETA HAP GRAUN   9

OL BUN BILIP BILONG YUMI   12

WOK MISIN BILONG YUMI   16

PASIN BILONG YUMI NASARIN   19

WESLIEN TIOLO SI BILONG YUMI   39

OL BUN BILIP   42

SIOS GAVMAN BILONG YUMI   51

OL LO BILONG YUMI   53

WANPELA SIOS: LOKAL, DISTRIK NA JENERAL   54

SIOS I JOIN WANTAIM   55

Bod bilong Jeneral Suparintenden bilong Nasarin Sios i sapotim tanim tok na mekim kamap ol Strong-pela Hauslain Tok i kamap olsem buk bilong helpim olgeta Nasarin Kristen long dispel graun.

Copyright © 2017. All rights reserved. Church of the Nazarene, Inc.

Olgeta Baibel ves i kam long Gutnius Baibel, PNG Baibel Sosaiti i raitim.

WELKAM LONG OL STRONGPELA HAUSLAIN TOK BILONG NASARIN SIOS

Ol Spirit pulap lida bilong nupela lain manmeri na askim bilong planti bilip manmeri long save moa long bun skul tok bilong sios, sios histori, tiolosi, Wok misin, givim na yusim mani na wok bung wantaim ol arapela. Ol dispela kainkain tok tok ol lida na manmeri i laikim i gat ol bun tok na isi long prinim na salim na tu stap long tokples we em isi long ol i ritim na kisim save gut long tok.

Ol strongpela Hauslain Tok bilong Nasarin Sios i tokaut klia long wanem as Sios bilong Nasarin istap long olgeta hap graun olsem wanpela Pasin Holi Sios na tu olsem Misin sios i bihainim Wesli-Armenia pasin na skul tok.

Bilong ol Pasto na Lemanmeri Ol strongpela Hauslain Tok bilong Nasarin Sios i helpim ol long luksave klia na save moa yet long wanem as Nasarin Sios i stap long graun na autim tok long pasin holi olsem Baibel i tok na mekim wok misin long mekim kamap olsem Krais long dispela graun.

Ol strongpela Hauslain Tok bilong Nasarin i stap long web/internet . Go long pes bilong General Superintendent long adres nazarene.org sapos nogat orait go stret long adres www.nazarene.org/essentials. Yu bai painim moa ol samting bilong helpim yu long save moa long Ol strongpela Hauslain Tok bilong Nasarin Sios long kainkain tokples long dispela tupela adres.

Taim yu wok long ritim na stadi long Ol strongpela Hauslain Tok bilong Nasarin Sios , bai yu kisim moa save long Nasarin Sios na bikpela laik bilong em long bihainim tok long skelim Gutnius bilong Jisas Krais.

Toksave: Ol strongpela Hauslain Tok bilong Nasarin Sios em i helpim mekim klia na strongim na ino senisim na kisim ples bilong Nasarin Hanbuk, www.nazarene.org

John Wesley, 1703-1791
Founder of Methodist Movement

PASIN BILIP BILONG WESLI NA PASIN HOLI YUMI KISIM

Nasarin Sios em i wanpela han bilong sios bilong Jisas Krais. Dispela sios em i "wanpela, holipela, bilong olgeta manmeri bilong dispela graun, na salim ol manmeri long go aut na mekim wok misin. Sios i mekim ol histori bilong manmeri bilong God long Olpela na Nupela Testamen na wanem samting i kamap bihain long Nupela Testamen i kamap hap histori bilong em yet tu. Insait long namba wan faiv hundret yia Kristen Sios i wanbel na kamapim Kristen Bilip . Dispela ol tok i tokaut long bilip bilong yumi Kristen bilong Nasarin na arapela Kristen Sios tu.

Sios Histori i tokaut long pasin bilong autim tok bilong God, kisim kainkain sakramen, Bilip Tok Bilong Ol Aposel na mekim ol Kristen manmeri i soim pasin bilong Krais long pasin na wokabaut na wok. Insait long skulim na autim tok bilong sios long Namba Tu Wok Marimari, em i wok bung wantaim ol arapela Kristen long helpim ol Kristen long wokabaut long pasin holi na givim laip olgeta long God.

Ol Kristen pasin na bilip yumi gat i stat long yia 1600 Refomesin long Inglan na long yia 1800 Wesli Rivaivel. Long autim tok bilong John wantaim brata Sals Wesli, planti manmeri insait long Inglan, Wels, Skotlan na Aialan i tanimbel na lusim sin na kisim strong bilong God long mekim wok misin.

Dispela ol revival i gat sampela bikpela mak olsem, ol lemanmeri i autim tok, planti testimoni, kontrolim ol yet gut long bihainim pasin holi na tu i gat kainkain grup husat i redi long mekim wok, ol i kolim ol olsem " sosaieti", "klab" na "grup." Sampela bikpela tok Tiolosi i kamap, olsem "Long bilip tasol yumi kamap stretpela long ai bilong God", Namba Tu Wok Marimari o kamap stretpela olgeta" na tu marimari yumi kisim long bilip na Holi Spirit i tokaut long marimari bai yumi kisim.

Bikpela samting Wesli i givim em namba tu wok mari mari o kamap klin olgeta em long marimari bilong God tasol em i mekim i kamap long Kristen laip. Dispela tingting na bilip ol manmeri i karim igo na skulim long olgeta hap graun. Long Not Amerika Metodis Episkopol Sios i kamap long 1784 long "stretim na senisim Not Amerika na autim tok na bilip long pasin holi olsem Baibel i tokaut long en igo long olgeta hap bilong dispela bikpela hap graun."

Strongim gen tok long pasin holi i kirap gen insait long namel bilong yia 1900 na 2000. Timoti Merit bilong Boston, Masetusets igo pas long kirapim dispela tok long wanpela niusleta ol i kolim Rot bilong kamap stretpela olgeta.(Guide to Christen Perfection) . Fibi Palma bilong Nu Yok i statim wanpela grup na ol i save bung long olgeta Tunde ol i kolim "Tunde Miting Bilong Mekim Tok Long Pasin Holi I Kamap Bikpela." Meri i save raitim planti pasin holi tok, stretim tok arapela i raitim na planti sios i resis long askim em long go na autim tok. Long 1867 Metodis pastor A.J. Wuds, Jon Inskip na sampela arapela bilong Vinlan, Nu Jesi i statim na planti bikpela pasin holi bung i kamap bilong kirapim gen tingting bilong Jon Wesli long karim tok long pasin holi igo long olgeta hap graun.

Ol dispela lain sios i toktok strong long Pasin Holi Bilong Kristen, Wesli Metodis, Fri Metodis, Salvesin Ami, na sampela bilong lain Menonait, Bretren, na Kweka. Ol Envanjelis i kisim dispela pasin holi muvmen tok i go long Jemani, Yunaited Kingdom, Skendenavia, India na Ostrelia. Planti nupela pasin holi sios i kamap, wanpela long ol em Sios Bilong God (Andesen, Indiana). Planti Sios husat i bilip long pasin holi i kamap, kainkain grup i kisim tok i go long ol taun na siti na wok misinari i kamap insait long dispela pasin na tingting long karim tok long pasin holi igo long olgeta hap graun. Sios bilong Nasarin i kirap bilong bungim ol dispel planti liklik grup long kamap wanpela bikpela pasin holi sios grup.

Stap Wanbel long Pasin Holi

Fred Hileri kamapim Ivanjelikal Sios bilong ol Pipol (Providens, Rod Ailan) long yia 1887. Misin Sios (Lin, Masesusets) i bihainim na kamap long 1888. Long1890 dispela tupela sios i bung wantaim eitpela arapela kongregesin bilong Nu Inglan long kamapim Sentral Evanjelikal Holines Asosiesin. Long 1892 Ana S. Hanskam, namba wan meri long kisim odinesin long kamap Elda insait long Nasarin Sios.

Namel long 1894 na 1895 Wiliem Hawad Hupol i bungim manmeri na kamapim tripela holines kongregesin long Bruklin, Nu Yok long kamapim Asosiesin bilong Ol Pentekostal Sios bilong Amerika. Nem "Pentekostal" gat wankain mining olsem "holines" or "pain holi" long tingting bilong dispela lain na tu long ol arapela husat i go pas na kamapim Nasarin Sios. Grup bilong Hileri na Hupol i bung wantaim long 1896 na staim wok misin long kantri India long 1899 na tu long Kep Verd long 1901. Wok Misin hetman Hairam Reinols i kirapim sampela kongregesin long Kanada (1902). Long 1907 planti sios grup i kamap namel long Aiowa long Amerika na Nova Skotia long Kanada.

Robet Li Haris i statim Nu Testamen Sios bilong Kraist (Milan, Tenesi) long 1894). Taim em i dai pinis, meri bilong em Meri Li Kagel mekim wok i go moa yet long wes Teksas long 1895. C.B. Jenigen statim namba wan Indipendent Holines Sios (Van Alstain, Teksas) long 1901. Ol dispela lain sios i bung wantaim long Raising Star , Teksas (1904) long kamapim Holines Sios Bilong Krais. Long 1908 dispela lain igat planti sios namel long Jojia na Nu Meksiko. Ol i autim tok long ol rabis na tarangu manmeri, sapotim ol pikinini husat i nogat papamama, mama inogat man. Ol tu i wok bung wantaim ol wokmanmeri long kantri India na Japan.

Long 1895 Finias F. Brisii na Josep P. Eidni, na wantaim 100pela arapela i kamapim Nasarin Sios long Los Anselis. Ol i holim strong dispela tok olgeta Kristen i kamap holi long bilip tasol mas bihainim pasin olsem Jisas i mekim na autim gutnius igo long ol rabis manmeri. Ol i bilip tu olsem olgeta taim na mani bilong ol mas yusim na bihainim pasin wok ministri bilong Krais long mekim manmeri i tanim bel na givim ol samting bilong helpim bodi. Sios bilong Nasarin i gro bikpela long Wes Kos bilong Yunaited Stet Bilong Amerika wantaim sampela kongregesin i stap longwe long Ilinoi long san kamap. Ol i sapotim wok misin bilong wanpela asples lotu long Kalkata, India.

Long Oktoba, 1907 Asosiesin bilong Pentekostal Sios bilong Amerika na Sios bilong Nasarin i bung wantaim long Sikago, long stretim na mekim kamap wanpela kain sios gavman we Jeneral Superintenden na lokal kongresin mas wok bung wantaim. Jeneral Superintenden bai wok long helpim na strongim ol oganais sios, statim na oganaisim ol nupela sios na strongim wok bilong statim nupela sios. Ol Jeneral Superintenden bai mekim wok olsem tasol na ol i noken bosim o kontrolim wok bilong ol Oganais Sios. Ol deleget bilong Holines Kongregesin Bilong Krais tu istap wantaim ol na mekim kamap ol dispela tok na lo bilong ranim sios. Long Namba Wan Jeneral Asembli tupela sios i wanbel na kamapim nupela nem: Pentekostal Sios Bilong Nasarin. Asembli i ilekitim Brisii na Reinolds long kamap namba wan Jeneral Superintenden.

Long Septemba 1908, Pensilvenia Konfrens bilong Holines Kristen Sios, aninit bilong lukaut bilong H. G. Trumbaur i join wantaim Nasarin Pentekostal Sios. Long Oktoba 13, namba 2 Jeneral Asdembli i kamap long Pailot Poin, Teksas na Jeneral Kaunsel bilong Holines Sios bilong Krais i join wantaim tupela sios.

Long 1898 lida J.O. Meklurken i kamapim Pentekostal Misin long Nasvil. Dispela grup i bung wantaim ol holines manmeri long Tenesii na ol arapela Stet/ provins stap klostu. Ol i salim ol Pasto na tisa i go long Kiuba, Guatamala, Meksiko, na India. Long 1906 Pakhet Kongregesinal Sios long Glasgo, Skotlan i rausim Jon Sap olsem lida bikos em i autim tok long Kristen Holines pasin tok olsem Jon Wesli i bin skulim na autim. Nau Pakhet Pentekostal Sios i kamap, oganaisim ol arapela kongregesin, na long 1909, Pentekostal Sios bilong Skotlan i kamap. Pentekostal Misin na Pentekostal Sios bilong Skotlan i joinim Pentekostal Nasarin Sios long 1915.

Long Namba Faiv General Asembli long long 1919 i senisim nem bilong lotu i kamap Sios bilong Nasarin. Mining bilong tok "Pentekostal" ino kamap wankain olsem tok long pasin holi olsem ol lida husat i kamapim sios long en i tingim long en. Yangpela sios i holimpas na sanap strong long autim tok bai God i kisim bek man olgeta long sin (namba 1 na 2 wok marimari).

General Assembly Pilot Point, Texas, USA, October 13, 1908

SIOS BILONG YUMI LONG OLGETA HAP GRAUN

Ol mama sios husat i kamapim Ol strongpela Hausman Tok bilong Nasarin Sios stat wok long 1915. Ol dispela kainkain strongpela bun tok bilong Nasarin sios i karamapim olgeta lain manmeri long dispela graun. Olgeta inap wanbel na kisim dispela ol tok na mekim i kamap bilong ol yet wanwan. Sios i sapotim olgeta oganais sios long Yunaited Stet bilong Amerika, Kep Verd, India, Kiuba, Kanada, Meksiko, Guatamala, Japan, Ajentina, Yunaited Kingdom, Swasilan, Saina na Peru. Long stat bilong 1930 wok i stat long Saut Afrika, Siria, Palestain, Mosambik, Babedos na Trinaded. Ol strongpela nesenal lida i mekim bikpela wok long kamapim ol dispela strongpela bun tok bilong Nasarin sios, ol lida olsem Distrik Superintenden V.G. Santin (Meksiko), Hiroshi Katagawa (Japan), na Samuel Bujal (India). Bilong mekim sios i kamap tru olsem em bilong olgeta manmeri long graun, moa nupela sios i wok long kamap insait long planti nupela ples.

Long 1922, J. G. Morison igo pas na lidim planti ol wok manmeri bilong ol Leman Holines Asosiesin na 1,000 ol memba bilong Dakota, Minisota na Montana Sios i kisim i kam insait long Nasarin Sios. Ol sios insait long Australia aninit long lukaut bilong A.A.E. Berg jonim Nasarin Sion long 1945. Alfredo del Roso i kisim ol sios insait long Ital i kam na Joinim Nasarin Sios long 1948. Hefisba Bilip Misinari Asosiesin wok bilong em long Saut Afrika na hetkota long Tabor, Aiowa bung wantaim Nasarin Sios long 1950.

Long 1907 David Tomas i kamapim Intenesenol Holiness Misin long London. Em mekim bikpela na strongpela wok long saut hap bilong Afrika aninit long lukaut bilong David Jones. Long 1952 ol sios bilong em long Inglan aninit long lukaut bilong JB Mak Lagan na olgeta sios long Afrika i join wantaim Nasarin Sios. Maynad Jems na Jek Fod i kamapim Kalvari Holinees Sios long Briten long 1934 na kam bung wantaim Nasarin Sios long 1955. Frank Gof bilong Ontario Kanada i kamapim Ol Gospel Wokman Sios long 1918 i join wantaim Nasarin sios long 1958. Sampela manmeri bilong Kantri Naigeria long Afrika i kamapim wanpela sios bilong ol yet na kolim Sios bilong ol Sios bilong Nasarin sampela taim insait long 1940 aninit long hetman bilong ol yet Jeremaiah U. Ekaidem i joinim intenesenol sios long 1988. Dispela pasin bilong ol kainkain sios i kam na bung wantaim Nasarin i mekim Nasarin i kamap tru tru Sios i bilong olgeta manmeri insait long dispela graun.

Taim dispela gutpela samting i wok long kamap, Nasarin Sios i tingting na wok long mekiim kamap wanpela nupela rot bilong ranim sios na dispela i no wankaim pasin olsem Protesten pasin. Long 1976 sios i kamapim wanpela komiti long mekim wok painim aut long sios bihain bai go long wanem rot. Long 1980 komitit i ripot go bek long Jeneral Asembli na tok olsem, sapos yumi tru laik istap olsem intenesenol sios, yumi mas mekim tupela samting:

> 1. Sios i luksave olsem olgeta Nasarin Sios na olgeta distrik i kamapim wanpela bikpela "felosip grup bilong olgeta bilip manmeri. Yumi akseptim olgeta wantaim kastom na Kalsa na pasin bilong ol long lotu. 2. Em i givim em yet long mekim "Bikpela wok bilong Nasarin Sios" em long, "karim tok bilong pasin holi igo long olgeta hap graun na dispela em wanpela ki samting o samting yumi no inap lusim o mekim hap hap wok, nogat dispela kain wok i kamap mak tru bilong Nasarin Sios.."

1980 Jeneral Asembli i pasim tok long "olgeta mas gat wanpela wankain tiolosi" insait long Bun Bilip bilong yumi. Asembli tu luksave olsem olgeta Pasto i kisim skul long tiolosi na sapotim ol Baibel Koles na bikpela skul bilong tiolosi insait long wanpela rejin long graun. Asembli tu i singautim olgeta Nasarin long gro na kamapim pasin holi lain manmeri long graun. Dispela wanpela bikpela komyuniti mas wok bung wantaim ol arapela wankain bilip manmeri. Dispela lain mas stat long lusim pasin bilong lukim olsem sampela lain i bikpela na moa na i winim ol arapela. Tu skelim ol manmeri olsem "ol strongpela", "ol samting nating", " givim samting long arapela" na "kisim ol samting". Dispela ol kranki tingting na pasin mas senis na nupela pasin mas kamap. Dispela nupela pasin bai lukim ol manmeri long graun olsem, "wan wan man meri gat gutpela samting long laip and yumi olgeta wanwan mas wok bung wantaim ol arapela ol bratasusa, wanwok.

Rot Nasarin sios i gro na kamap bikpela i narakain olgeta long ol lain insait long grup Protestan. Long yia 1988, 50-pela long olgeta wan handretpela Nasarin memba i stap autsait long Yunaited Stet bilong Amerika (USA) na Kanada, na long 2001 Jeneral Asembli taim 41pela long olgeta wan handretpela i mekim tok Inglis o no save tru long mekim tok Inglis. Wanpela bilong ol Africa deleget, Yugenio Duarte bilong kantri Kep Verd , 2009 Jeneral Asembli i makim em i kamap wanpela bilong ol Jeneral Superintenden.

Intenesenal Ministri i gat strongpela narapela kain mak bilong em yet.

Evanjelisim, helpim ol tarangu lain na edukesin i tripela bikpela samting long histori bilong Nasarin Sios. Distpela tripela wok i helpim gut ol misinari long wok gut wantaim kain manmeri bilong kain kalsa na ples. Planti tausen ol Pasto na Le wok manmeri i kisim Wesli bilip pasin na yusim ples pasin bilong mekim tok i klia na helpim ol lain bilong ol yet.

Hairam F. Reinols en wanpela bikpela man husat i statim na strongim pasin bilong wok bung wantaim ol manmeri bilong kainkain ples na tu kirapim Wol Evanjelisim. Insait long 25pela yia olsem Jeneral Superintenden em i toktok strong long ol Nasarin mas wok bung wantain kainkain lain manmeri bilong dispela graun i helpim Nasarin sios long mekim dispela kain wok i kamap namba wan wok. Long stat bilong 1915, Nasarin Misin Intenesenal (stat bilong em oi kolim Misinari Sosaiti bilong ol Meri) i kamapim mani na promotim misin edukesin insait long planti kongregesin long dispela graun.

Ol Nasarin long taim sios i nupela ol igat pasin bilong sori long olgeta manmeri na laip bilong ol i tokaut long marimari bilong God. Bikos long marimari bilong God ol i save helpim ol hangre manmeri bilong India long taim wanpela bikpela hanger i bin kamap, na kamapim ples bilong lukautim ol pikinini husat papmama i dai pinis, haus bilong ol yangpela na lapun mama husat i nogat papa, na tu long ol biktaun na siti helpim husat i nogat haus na husat i kisim bagarap long kainkain drag (simuk na dring nogut). Insait long yia 1920 wok bilong Nasarin Sios long helpim ol tarangu laik i senis na Sios i wok long givim marasin, sios i wok long wokim ol haussik long Saina, na Swasilan na bihain long India na Papua Nu Gini. Ol Nasarin husat i gat gutpela trening long wok dokta na nes i lukautim ol sikmanmeri, katim bodi bilong ol manmeri, trenim ol nes, na kamapim klinik we nes bai kisim kar go visitim sik manmeri long ples.

Sisos i kamapim spesol klinik bilong helpim ol sikmanmeri, olsem leprosi klinik long Afrika. Nasarin Kompasenet Ministri i kamap insait long 1980 bilong helpim kainkain tarangu lain, olsem Sposasip bilong ol Pikinini, helpim husat i kisim bikpela bagarap na taim long ren, win, wara, san na graun bruk, givim skul tok long HIV/AIDS, kamapim ples bilong lukautim ol pikinini husat papmama i dai pinis, wara projek na skelim kaikai.

Ol Nasarin Sande Skul na ol Baibel Stadi ol dispela samting olgeta taim i bin stap bikpela samting long laip bilong wan wan kongregesin na i strongim Kristen laip na mekim ol i kamap disaipel tru bilong Jisas Krais. Sios i spendim planti taim na mani long helpim manmeri long rit na rait olsem long 1905 misin i kamapim Gutpela Sindaun Bihain Skul bilong Ol Yangpela Meri long Kalkata, India. Ol Nasarin skul long olgeta hap graun i redim ol yangpela manmeri bai ol i wok wantaim arapela insait long wanpela kantri long wok long helpim arapela manmer (sosel), Kainkain rot bilong kamapim mani (ikonomik), na lotu (rilijis) laip bilong ol manmeri. Taim sios i stat nupela yet, planti ol Nasarin kolis long Yunaited Stet bilong Amerika, i bin kamapim Praimeri na hai skul wantaim bai praimeri sumtin ken go long hai skul i kam inap long 1900.

Ol Nasarin manmeri husat i kamapim Nasarin Sios i putim bikpela mani samting long kamapim ol bikpela skul i winim hai skul na go antap moa yet. Ol i bilip olsem dispela kain skul bai skulim na redim ol pasto na sios wokmanmeri na tu long stretim ol lemanmeri tu. Intenesenal Bod bilong Edukesin i tokaut long olgeta Koles na yunivesiti bilong Nasarin Sios long Afrika, Brasil, Kanada, Karibia, Koria na Yunaited Stet bilong Amerika. Sios tu gat Baibel Koles, Nesing koles na sampela arapela skul long India na Papua Nu Gini. Ol Tiolosikal skul long Australia, Kosta Rika, Inglan, Filipins na Yunaited Stet bilong Amerika.

Sios i stat na stap long wanpela hap na ol manmeri bilong arapela kantri go long em bilong mekim wok na kisim helpim. Tasol nau dispela wok i go aut long kainkain ples long graun. Yumi simenim strong long Wesli pasin bilip, Ol Nasarin i bilip olsem ol i Kristen manmeri, ol i holi manmeri na Misin manmeri na mekim kamap dispela tok " Mekim kamap ol disaipel olsem Krais Jisas long olgeta manmeri bilong dispela graun."

OL BUN BILIP BILONG YUMI

1. Yumi Kristen manmeri

Olsem memba bilong Sios Bilong God long olgeta hap bilong dispela graun, yumi bung wantaim ol Kristen bilong arapela sios long tokaut long bikpela namba bilong Jisas Krais na tu kisim Kristen Bilip na ol bilip bilong ol Kristen. Mipela i holim strong Pasin Holi bilip i bin kamap long Jon Wesli na i bilip olsem em i rot bilong save long bilip olsem tok i wanbel wantaim tok long Baibel, tingting, pasin tumbuna, na ol samting tru i kamap long manmeri na laip bilong sios.

Yumi i stap olsem wanpela tim long tokaut olsem Jisas i Bikpela na i winim olgeta arapela bikman. Mipela i bilip olsem, long marimari bilong God, Em yet i singautim olgeta manmeri long tanimbel na bai God i rausim sin na mekim ol i kamap wanbel gen wantaim God yet. Taim yumi kamap wanbel wantaim God, yumi bilip olsem yumi kamap wambel wantaim ol arapela Kristen. Yumi laikim tru arapela manmeri olsem God i laikim tru yumi na lusim rong bilong arapela olsem God i fogivim yumi. Yumi bilip olsem yumi olgeta bung wantaim i kamapim piksa bilong Krais. Yumi bilip olsem as bilong tok tru em Tok bilong God na tingting, pasin tumbuna, na ol samting tru i kamap long manmeri na laip bilong sios em i strongim dispela bilip.

Jisas Krais em i Het bilong Sios, olsem Kristen Bilip i save tokaut long en, em i wanpela, holi, bilong olgeta hap graun, na salim ol manmeri long go aut na mekim wok misin. Insait long Jisas Krais na long wok bilong Holi Spirit, God Papa i givim nating long yumi pasin bilong lusim sin na kamap wanbel wantaim olgeta manmeri bilong dispela graun. Long husat i harim tok na i bihainim long pasin bilong bilip ol i kamap manmeri bilong God. Long husat God i lusim sin na kamap wanbel wantaim em pinis insait long Krais, yumi tu i lusim rong bilong arapela na kamap wanbel wantaim ol. Long dispela kain pasin yumi kamap Sios na Bodi bilong Krais na kamapim ples klia pasin wanbel namel long yumi yet. Olsem wanpela Bodi bilong Krais, yumi gat "wanpela Bikpela, wanpela baptais na wanpela bilip" Yumi tokaut long pasin wanbel istap insait long Sios bilong Krais na wokbung wantaim bilong mekim ol samting bilong God i stap gut." (Efesus 4:5, 3).

2. Yumi Manmeri bilong Pasin Holi

God, em yet i holi, em i singautim yumi long wokabaut long pasin holi long olgeta laiptaim bilong yumi. Mipela i bilip olsem Holi Spirit i laik mekim namba 2 wok marimari insait long bel bilong yumi. Yumi save yusim sampela tok olsem "kamap klin olgeta" na "kisim baptais wantaim Holi Spirit"- rausim olgeta sin, mekim yumi kamap nupela olsem piksa bilong God, givim strong long laikim God wantaim olgeta bel, tingting, laikim, na strong na tu laikim ol arapela olsem yumi laikim yumi yet na mekim kem yumi kamap olsem piksa bilong Krais. Pasin holi long laip bilong Kristen em olsem "yumi kamap olsem piksa bilong Jisas."

> **Long wok bilong Holi Spirit tasol yumi kamap gen piksa bilong God na mekim pasin bilong Jisas i kamap ples klia long laip bilong yumi wanwan.**

Bikos Tok Bilong God i singautim yumi na marimari i pulim yumi long lotuim God, na laikim em wantaim olgeta bel, tingting, laikim, na strong na tu laikim ol arapela olsem yumi laikim yumi yet, yumi givim yumi yet olgeta na bilip olsem God em inap "mekim yumi kamap holi olgeta" olsem namba 2 wok marimari. Yumi bilip olsem Holi Spirit i save kotim bel bilong manmeri long sin, save klinim , pulapim, na givim strong long yumi. Holi Spirit i givim pawa na marimari bilong God i senisim yumi i kamap manmeri husat i gat pasin bilong laikim ol arapela, bosim gut Kristen wokabaut, na klin na stretpela pasin, pasin sori na mekim stretpela kot. Em long wok bilong Holi Spirit tasol na yumi kamp ken olsem piksa bilong God na kamapim kaikai olsem pasin bilong Jisas.

Yumi bilip long God Papa, Em tasol mekim olgeta samting i kamap long olgeta samting i no bin stap bipo. Yumi wanpela taim ino bin stap, tasol God i mekim yumi kamap stap olsem nau yumi i stap long en. God i mekim yumi bilong kamap manmeri bilong em yet, na mekim yumi kamap olsem piksa bilong em yet. God i singautim na makim yumi long karim piksa bilong bilong God": "Mi God Bikpela bilong yu, givim yu yet olgeta na kamap holi bikos mm yet mi i holi (Wok Pris 11:44).

3. Yumi gat pasin bilong Wok Misin

Yumi stap manmeri we God i salim igo aut pinis long en, yumi bihainim singaut bilong Krais na Holi Spirit i givim strong long go long olgeta hap graun, tokaut long Bosman Jisas Krais na wok bung wantaim arapela long kamapim Sios na mekim i kamap bikpela (Matyu 28:19-20; 2 Korin 6:1). Ol wok

Yumi olgeta i stap olsem wanpela tim long tokaut long Jisas Krais i Bikpela.

bilong yumi:- (a) stat long pasin bilong lotu (b) go mekim wok ivanjelis na wok marimari (c) strongim ol bilip manmeri long gro na kamap strongpela long rot bilong disaipel (d) yusim ol bikpela Koles na skul bilong redim man na meri long mekim kainkain wok insait long sios.

a. Wok Misin bilong yumi long Lotuim God

Pasin bilong wok misin i stat long ples bilong lotuim God. Taim yumi bung long ai bilong God long lotuim em, yumi singing sampela song, ritim na harim tok bilong God wanpela i autim, giving ofa na hap ten, givim baptais na kisim komiyunin, dispela ol samting i helpim yumi luksave long mining bilong stap manmeri bilong God. Yumi bilip olsem yumi inapim wok misin bilong God taim ol kongregesin i lotuim God. Long taim bilong lotuim God yumi luksave olsem wok misin bilong yumi em long kisim ol nupela memba i kam insait long sios na kamapim nupela kongregesin na ol tu bai lotuim God.

Wanpela bikpela samting yumi mekim bilong soim laikim bilong yumi long God em long taim yumi lotuim em.

Wanpela bikpela samting yumi mekim bilong soim laikim bilong yumi long God em long taim yumi lotuim em. Yumi lotuim God long luksave long soim bikpela marimari na kisimbek yumi. Nambawan as tingtng bilong manmeri i bung na lotuim God insait long wanpela lokal sios em no long wanpela i tingim em yet na kisim ol samting long God o bilong kisim biknem nogat tru. Em taim bilong givim em yet olgeta i go long han bilong God na kamap olsem wanpela ofa. Pasin bilong laikim tru God long bel na harim tok bilong na bihianim na mekim wok bilong God em pasin bilong lotuim God.

b. Pasin bilong mekim wok Sori long Arapela na wok Ivanselisim em Wok Misin bilong yumi

Taim yumi stap manmeri husat i bilong God olgeta, yumi soim laikim bilong God long manmeri husat i lus long sin na tu soim sori pasin long ol rabis manmeri na ol tarangu lain. Bikpela Komanmen (Matyu 22:36-40) na Bikpela Wok Misin (Matyu 28:19-20) i muvim o kirapim yumi long go aut na mekim wok invanselisim na wok sori na stretim ol hevi long stretpela pasin. Long dispela sait yumi invaitim ol manmeri long tanimbel, helpim ol tarangu lain, tok nogat long ol manmeri husat i mekim nogut long ol arapela na sanap wantaim ol lain husat i kisim hevi, long lukautim na protektim kainkain gutpela samting God i wokim long helpim yumi long dispela graun na tu long bung na lotu wantaim ol arapela Kristen manmeri.

Sios i tokaut long laikim bilong em long God taim em i mekim wok misin. Ol stori insait long Baibel i soim klia wok marimari God i mekim long kisimbek manmeri na kamap wanbel wantaim em insait long Jisas Krais (2 Korin 5:16-21). Sios go long olgeta hap graun long wokbung wantaim God long wok ministri bilong laikim na kamap wanbel wantaim insait long wok invanselisim na sori na mekim stretpela pasin olsem lo i tok long en.

c. Mekim ol manmeri i kamap Disaipel em Wok Misin bilong yumi

Yumi pasim tingting bilong yumi long kamap disaipel bilong Jisas na invaitim ol arapela manmeri long kamap disaipel bilong Jisas tu. Wantaim dispela kain tingting long het, yumi inapim dispela tingting

long Sande Skul, ol Baibel Stadi, na ol arapela kainkain liklik grup. Wantaim ol dispela rot, mipela bilip olsem ol Kristen bai gro long save bilong ol long Kristen Bilip, na tu long sindaun gut wantaim God na ol arapela Kristen . Mipela save tu olsem yumi ol Kristen mas putim em yet aninit long God and stap aninit long Em na bihainim olgeta tok bilong God na tu long bihainim tok bilong ol bilip manmeri. Mipela i bilip olsem mipela mas helpim arapela Kristen long wokabaut long dispela holi laip insait long pasin bilong sapotim arapela arapela, stap wanbel wantaim ol arapela, na long laikim tru arapela long bel.. Jon Wesli i tok , "God i givim yumi bilong helpim arapela arapela na bilong strongim ol han bilong arapela arapela.

**Bilong kamap strongpela man na meri insait long Krais,
Holi Spirit i save yusim pasin bilong stap disaipel.**

Pasin bilong Kristen stap olsem Disaipel em wokmak bilong laiptaim. Em rot bilong save long wanem kain rot God i laikim yumi wokabaut long en long dispela graun. Taim yumi harim tok na bihainim laik bilong God, stap aninit long olgeta tok bilong stiaim Kristen bilip, stap olsem disaipel bilong helpim ol arapela Kristen, yumi kisim gutpela save tru long stap Kristen na wokabaut fri olsem Kristen. Pasin bilong stap olsem Disaipel i no kamap long strong bilog manmeri yet na o bihainim kainkain lo na tok lukaut. Nogat. Em long rot bilong Holi Spirit i wok strong insait long mipela na mekim mipela i kamap strongpela man meri insait long Kraist. Kristen pasin i kamp ples klia taim yumi stap olsem disaipel bilong Jisa insait long wok bilong Holi Spirit. Las mak o poin o ples mipela laik kamap long en, em bai Holi Spirit i senisim yumi kamap long mak olsem Jisas Krais yet. (2 Korin 3:18)

d. Wok Misin bilong yumi long wantaim Bikpela Kristen Skul bilong yumi

Yumi sapotim na strongim wok Kristen edukesin, long dispela ol kainkain skul ol yangpela man na meri ken redim ol yet wantaim gutpela save long go aut na mekim wok misin. Long ol semari, Baibel Koles, kainkain koles, na ol yunivesiti, yumi wok strong long givm gutpela save, developim Krsiten pasin na redim ol lida. Mekim olsem ol i wok na inapim wokmak God i givim yumi long wok insait long sios na igo long olgeta manmeri long dispela graun.

Ol bikpela Kristen Skul bilong mipela em olsem wanpela bun wok sios i mekim insait long Sios bilong Nasarin. Taim Nasarin Sios i kamap nupela, bikpela as tingting long sios i kamapim ol bikpela skul long em long redim ol man na meri bilong God long kamap gutpela lida na mekim kainkain wok insait long sios, long karim Rivaivel long pasin olsem Wesli i skulim long en igo long olgeta hap graun. Dispela pasin bilong kirapim na ranim ol bikpela Kristen koles na yunivesiti i kamapim planti Baibel Koles, ol Seminari, ol koles na ol yunivesiti long olgeta hap graun.

Wok misin bilong Nasarin Sios em long mekim ol manmeri i kamap olsem piksa bilong Jisas Krais long olgeta hap kona bilong dispela graun.

WOK MISIN BILONG YUMI

Wok Misin bilong Nasarin Sios em long kamapim ol Disaipel husat i kamp olsem piksa bilong Jisas long olgeta hap graun.

Yumi i Bikpela Wok Misin sios (Matyu 28:19-20) . Olsem wanpela bikpela komyuniti bilong bilipmanmeri long olgeta hap graun, God i singautin na salim yumi go aut long olgeta hap graun wantaim gutnuis bilong laip insait long Jisas Krais. Autim tok long olgeta manmeri na mekim tok long pasin holi olsem Baibel (wokabaut olsem piksa bilong Jisas Krais) i tok long en igo long olgeta hap graun.

Sios bilong Nasarin i bungim na pasim gut olgeta manmeri husat i tanimbel pinis na larim Jisas i stap Bikpela na bos long laip bilong ol. Ol Kristen tu i stap gut wantaim ol arapela, na yusim kainkain rot long strongim Kristen laip bilong arapela insait long pasin bilong lotu, na autim tok, trening, na ol arapela wok marimari long helpim ol arapela manmeri long stap gut.

Long pasin mipela i traim long tokaut long ol arapela manmeri pasin sori Jisas i gat long ol manmeri na tu tokaut long bilip bilong mipela yet wanwan.

Namba wan wok bilong sios em long givim biknem long God. God tu i singautim yumi long helpim em long mekim wok misin- em long mekim manmeri i kamap wanbel wantaim God.

Hettok bilong wok misin bilong yumi autim sampela bun histori tok olsem: wok evanselisim, kamap bilong God wanpela tasol na wokabaut long pasin holi, stap disaipel, na soim pasin sori na marimari long arapela. Bun tok na tingting bilong pasin holi em long kamap olsem piksa bilong Jisas.

Ol Nasari n manmeri i kamap olsem manmeri God i salim ol igo aut long ol kainkain haus, kainkain ples bilong wok, ol komiumiti na viles na tu go long ol taun na siti na ol arapela kantri. Planti manmmeri long olgeta Rijin long dispela graun i go aut olsem misinari.

Wantaim strongpela wok bilong Holi Spirit, God i singautim manmeri nating long go aut na mekim bikpela wok insait long dispela graun.

KAM, YUMI SINGIM SONG BILONG SOIM AMAMAS BILONG YUMI I GO LONG GOD BIKPELA.

YUMI BIKMAUS NA SINGAUT BIKPELA LONG STON BILONG KISIMBEK MIPELA EM BIKPELA BILONG YUMI JISAS KRAIS

PASIN BILONG YUMI NASARIN

Long 2013 Jeneral Asembli ol Bod bilong Jeneral Superintenden i putim ples klia sevenpela (7) wokabaut o pasin bilong olgeta wanwan Nasarin Sios Kristen.

1. Lotu tru tru mas kamap. (Lotu long Spirit na pasin i tru).
2. Holim pas bilip (Tok bilong God) na wok bung wantaim.
3. Mas i gat bikpela hangre long witness long ol arapela o wok bilong autim tok.
4. Mas wok strong long kamapim disaipel.
5. Redi long kamapim senis (development) insait long sios.
6. Lida mas senis pastaim na bai em inap long senisim ol arapela.
7. Mas igat pasin bilong sori na helpim arapela.

Na ol dispela samting ino inap long kisim ples bilong wok yumi laik mekim, "long kamapim ol disaipel olsem Jisas yet long olgeta hap graun" em wok tru tru bilong "Kristen, pasin bilong stap holi na wok misin," ol i tok long bilip bilong yumi na pasin yumi wanwan Nasarin Kristen imas gat long olgeta hap graun. Mipela tok strong long ol sios lida imas kirapim ol Kristen imas igat dispela pasin long bringim sios igo het... (ples klia). Yumi ken painim aut, long bihain taim bai em i kamap samting tru bilong olgeta hap graun.

1. Lotu long Spirit na pasin i tru

Singaut long kam, bung wantaim na lotu
Kam, yumi amamas na singim song long Biplela; yumi singaut (strong, bikmaus) olsem em i ples hait na man bilong kisim bek yumi olsem ston. Yumi kam klostu long pes bilong em, tok tenk yu na litimapimem long musik na song.

Long wanem Bikpela em God Antap tru, king bilong olgeta na i antap long olgeta god.
Olgeta samting insait long graun em bilong em, na olgeta bikpela maunten tu em bilong em. Solwara tu em bilong em long wanem em yet I wokim, na long han bilong em yet em i wokim drai graun.

Kam, yumi brukim skru na lotuim em, yumi putim pes igo daun tru insait long presens bilong em na lotuim Bipela, husat i wokim yumi; em i God bilong yumi na yumi ol manmeri istap insait long banis bilong em, olsem sipsip i stap aninit long lukaut bilong em.

-Buk Song 95: 1-7

Ating, wantaim strongpela bilip yumi ken lotuim God na tok save olsem Em i olsem strongpela banis or ples hait na Man bilong kisim bek yumi, God antap tru, Bikpela King na antap long olgeta arapela god, husat i wokim olgeta samting, Em i wasman na save mekim gut long ol manmeri bilong em.

A. Ol disaipel bilong Jisas i pas wantaim em, na ol i witness long ol arapela, dispela em i kaikai bilong ol i stap insait long em (Jisas).

- Jisas i salim ol disaipel long go autim tok long olgeta hap graun (Matyu 10)

- Em i tok olsem bihain bai Holi Spirit i pulapim ol. Ol i wet long rum istap antap na Holi Spirit i kam pulapim ol, olsem Jisas i bin promisim ol: (Aposel 2).
- Taim ol disaipel i stat long autim tok long olgeta hap, ol i makim God na kamap maus man bilong em.
- Tok ol i bringim i kam bilong mekim yumi kamap wanbel, wok misin bilong ol tu i sut long pasin bilong stap o kamapim wanbel pasin stret (2 Korin 5:11-21).
- Paul i bin mekim gutpela tok, "Yumi stap mausman bilong Jisas Krais, i olsem God i yusim yumi bilong winim ol manmeri i kam long em yet. Mipela makim maus bilong Krais na tok strong long yupela: Yupela mas stretim tok na kamap wanbel wantaim God. God i mekim Krais i kamap sin man husat ino bin mekim sin. Long senisim yumi na kamap sinman, olsem na long wok Krais (Jisas) i mekim yumi kamap stretpela manmeri long ai bilong God " (2 Korin 5:20-21).

B. Jisas i tokim o salensim ol disaipel bilong em long go long olgeta hap na autim Tok.

- "Olsem na yupela mas go long olgeta hap graun na mekim olgeta lain manmeri kamap disaipel bilong mi, na yupela baptaisim ol long nem bilong Papa na long Pikinini na long Holi Spirit. Na skulim ol long bihainim (o lainim ol) olgeta tok mi bin givim long yupela. Harim gut. Mi save stap wantaim yupela olgeta dei igo inap long dispela taim i pinis" (Matyu 28:19-20).

Ol namba wan Kristen bilong namba wan sios long bipo tu i inapim na bihainim Tok bilong Jisas na autim tok taim lotu tru i bin kirap long Antiok.
Aposel 13:1-4

C. Lotu tru tru i save kirap taim yumi bihainim stia bilong Holi Spirit, daunim yumi yet, na tambuim kaikai na prea planti:

- Na Holi Spirit i salim ol igo witness long ol arapela na bringim ol kam insait long lain bilong Krais.
- Dispela samting i kamap taim ol manmeri i lotu tru tru (lotu long Spirit na pasin i tru).
- Taim yumi go dip o go insait tru long lotium God, em bai pulapim yumi wantaim bikpela strong na pawa bilong em.
- Lotu tru bai opim ai bilong yumi long luksave long Jisas Krais. Em i wanpela kain daun pasin (pasin bilong daunim yumi yet) bilong Spirit insait long olgeta bilip lain, God i save yusim long stretim yumi long kamap holi olsem Jisas yet.
- Yumi mas mekim wan wan lotu bilong yumi yet o bung lotu I kamap olgeta taim (wan dei, wan dei) long laip bilong yumi.

D. Lotu tru tru isave opim dua long God i kam mekim wok insait long laip bilong yumi long pasin Em yet i laikim.

- Namba wan sios bilong bipo ino bin gat spesol komiti o sampela kain trening long mekim wok bilong ol.
- Nogat, ol i save bung wantaim ol arapela long olgeta dei na larim God i muv o wok insait long laip bilong ol insait long taim bilong lotu.
- Yumi mas redi long tok nogat long ol plan bilong yumi yet na givim inap taim long God i ken kamapim plen o wok bilong en long laip bilong yumi.

E. Lotu tru tru i save redim rum bilong God i ken muv igo ikam long laik bilong em yet, taim yumi wetim em long inapim ol nid bilong yumi.

- Yumi mas givim inap taim long God bai em i ken kamap ples klia na winim bel bilong yumi, muv, tasim, kisim bek yumi na pinisim as bilong sin long laip bilong ol man meri long we na laik bilong Em yet na long taim Em I laik bai em i mas kamap long en.

- Taim yumi kam long lotu, bel na tingting bilong yumi mas redi na op long kisim samting long God na bilip olsem Em bai kam bung wantaim yumi na muv namel long yumi.

- Yumi mas stap isi na wetim God bai em i ken muv long narakain (kain kain) wei, em God yet inap long mekim, long olgeta wik long bung bilong yumi. Yumi mas no ken tok yumi inap o pulap pinis na kisim olsem wanpela nomol lotu yumi save lotu long olgeta taim.

F. Ol pikinini bilong God mas bung long olgeta wik bai ol I kisim moa strong long Holi Spirit long mekim samting.

- Inogat narapela pawa bilong helpim spirit bilong man bai i ken lotu tru long God, Nogat! Spirit bilong God antap tru tasol inap long helpim spirit bilong man bai em i ken lotu tru long God.

- Dispela gutpela samting isave kamap taim yumi bung wantaim na lotu tru tru long God insait long spirit.

2. Olgeta i wok bung wantaim long holim pas bilip bilong sios

A. Olgeta bikpela Kristen brata sios imas luksave o harim nek/tok bilong yumi Nasarin:

- Em i tok aut long bilip bilong yumi na samting yumi bilip long en.
- Mipela holim pas strong dispela bilip, em i kirapim (pusim) mipela long mekim samting (wok), na helpim mipela long wokabaut long bilip olgeta wan wan dei.

B. Mipela kisim strong long dispela ol bilip, em i olsem simen mipela sanap antap long en na wok bung wantaim.

- Baibel (Tok bilong God); Mipela bilip olsem olgeta tok insait long Baibel em i as bilong olgeta samting na stretim yumi long kamap olsem Jisas yet.

- Kristen Sios i holim yet Pasin bilong Kristen sios i kam inap nau. Yumi save tingim gen na amamas long dispela bilip o skul tok yumi kisim na holim istap inap 2,000 yia olgeta.

- Painim as bilong tok or skelim tingting; Yumi bilip Spirit bilong God i save wok na helpim tingting bilong yumi long luksave wanem samting i gutpela na wanem samting i nogut.

- Samting mi save long em o save mekim: Yumi bilip God i save wok insait long laip bilong yumi na yusim long wok namel long wanwan manmeri o komuniti (hauslain).

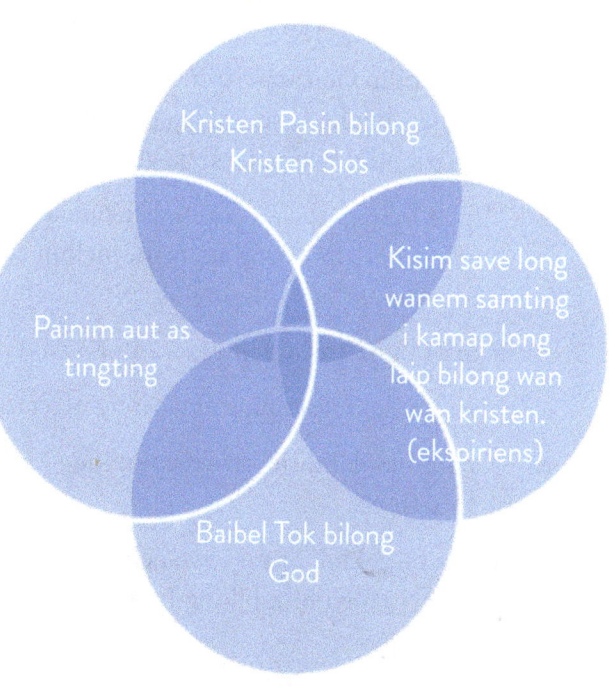

Tiolosi na Bilip Tok i kam we

C. Ol dispela kain bilip yumi gat isave givim strong na yumi holim pas long Kristen bilip.

- Yumi Kristen
  - Yumi gat strongpela bilip na tok aut olsem Jisas Krais em Pikinini bilong God. -Yumi holim strong bilip olsem Jisas em i namba tu man bilong God Triwan.
  - Yumi holim pas bilip bilong Kristen sios na olgeta bun bilip bilong sios bilong bipo tru.
- Yumi Protesten
  - Yumi bilip long wok marimari God i mekim insait long Jisas bilong kolim yumi stretpela manmeri.
  - Yumi holim na givim tok bilong God (Baibel 66 pela buk, 39 OT na 27 NT) namba wan ples na holim bilip olsem em i as bilong olgeta samting.
  - Mipela bilip yumi olgeta stap pris bilong God taim yumi tanim bel na bilip long Jisas.
  - Mipela bilip strong olsem long taim bilong lotu, Tok bilong God em i namba wan tru. Em i givim pulpit namba wan ples insait long sios long autim Tok.
  - Mipela bilip Holi Spirit i save tilim presen bilong em long wan wan Kristen long laik bilong em yet insait long bodi bilong Kraist.
- Mipela i Ivanjelikol, Kristen sios i bilip long Jisas na holim strong tok bilong Baibel.
  - Mipela i bilip olsem dua i op long manmeri ken save long Jisas na stap pren bilong em taim em fogovim olgeta sin na senisim ol pasin bilong yumi long kamap olsem piksa bilong Krais.
  - Yumi bilip testimoni bilong yumi i kamap ples klia taim laip na pasin i senis.
- Yumi Weslien (sios i bihainim pasin holi olsem Jon Wesli i skulim)
  - Yumi bilipim olgeta tok bilong God, i tok klia long olgeta pasin bilong God – "God i save laikim olgeta" (1 Jon 4:8).
  - Yumi manmeri long laik bilong yumi yet inap long lotuim God na bilip, kamap pren na save moa long Jisas.
  - Mipela bilip marimari bilong God i save go pas na banisim o lukautim sin man bai em ino ken mekim sin yet tasol em i ken tanim bel na kam long God.
  - Mipela bilip God isave painim man, kisim bek em na lusim sin, pinisim As bilong sin, na marimari bilong God i pulap na stap oltaim, oltaim i save wok isi isi insait long laip. Na mekim yumi pikinini bilong God na givim yu strong long winim traim na wokabaut long Kristen laip.
  - Mipela bilip gutpela samting bai kamap insait long marimari bilong God, brukim strong bilong sin, senisim laip bilong sin man, mekim em kamap pikinini bilong God. Em imas laikim tru God wantaim bel, tingting na spirit bilong em na bihainim God wantaim stretpela tingting.
  - Mipela bilip, pasin holi i ken kamap na As bilong sin i ken pinis taim yu stap laip yet.
  - Mipela bilip Holi Spirit i save long olgeta samting yumi mekim na bihain bai tok aut.
- Mipela bilip Holi Spirit isave helpim long kliaim tingting bilong yumi na yumi save sin bilong yumi i pinis o istap yet.
  - Mipela bilip Holi Spirit isave helpim (tokim, kirapim tingting) yumi long save God i lusim sin bilong yumi na blut bilong Jisas Krais i save karamapim ol olpela sin bilong bipo na yumi win oltaim.
  - Mipela bilip Holi Spirit i save givim stia long wan wan na larim God i helpim yumi long wokabaut wan wan dei. Spirit bilong God i ken soim rot long pikinini bilong em, na stiaim ol long

wokabaut na sindaun bilong ol long dispela graun.

D. Yumi bilip igat fopela (4) bikpela samting i stap insait long pasin holi o holipela laip.

- Wankain olsem Krais yet – wan, wan dei Holi Spirit i wok long senisim yumi kamap olsem Jisas yet taim yumi larim God i mekim wok bilong em insait long laip bilong yumi. "Ating Kraist i save strongim bel bilong yupela? Ating em i save laikim yupela tru na dispela i mekim bel bilong yupela i stap isi? Ating yupela i stap insait long laip bilong Holi Spirit? Ating yupela i save sori long ol arapela na marimari long ol? Sapos olsem, orait yupela i mas mekim ol gutpela pasin na amamas bilong mi bai i pulap tru. Yupela olgeta i mas holim wanpela tingting tasol. (Filipai 2:1)

- Sindaun na wokabaut bilong yumi – Yumi i narakain olgeta long ol arapela na stap holi long mekim wok bilong God long graun. "Mi no askim yu long rausim ol long dispela graun. Nogat. Mi beten long yu bai yu ken lukautim ol, na man nogut ino ken bagarapim ol. Ol ino bilong dispela graun, olsem mi yet mi no bilong dispela graun. Long tok tru mekim ol I kamap kiln olgeta; long wanem tok bilong yu i tru olgeta (John 17:15-17).

- Ol traim, yumi gat pawa long tok nogat – yumi igat strong long tok nogat long ol kainkain laik bilong bodi (pasin bilong sin) bai inap long kalabusim yumi. God i save givim strong long winim traim na stap holi "Mi laik bai em i givim lait long tingting bilong yupela, bai yupela i ken save gut long ol dispela samting em i singautim yupela bilong kisim, em ol samting yupela wetim istap. Olsem bai yupela i save long ol dispela gutpela gutpela samting God I bin mekim bilong yumi ol manmeri bilong em. Na bai yupela i ken save olsem, dispela strong bilong God oltaim em i wok long helpim yumi ol manmeri i bilip long em, em i bikpela moa moa yet. Yu mi no inap tru long skelim strong bilong en. Na dispela bikpela strong bilong God i save wok long yumi, em tasol bepo i bin wok long Kraist. Kraist i dai pinis, a long dispela bikpela strong bilong God, God i kirapim em na i bringim em igo sindaun long han sut bilong em long heven." (Efesus 1:18-20)

- Kaikai/Prut bilong Spirit – pasin bilong laikim tru ol arapela em God yet i save kamapim ples klia insait long, pasin bilong laikim tru ol arapela, pasin bilong amamas, pasin bilong stap bel isi, pasin bilong no belhat kwik, pasin bilong helpim ol man, mekim gutpela pasin long ol, pasin bilong wokabaut stret oltaim, pasin bilong stap isi, na pasin bilong daunim laik bilong olpela bel.

    "Man i save laikim arapela, em ino save pret. Sapos pasin bilong laikim ol arapela i kamap strong pinis insait long laip bilong wanpela man, orait dispela i save rausim pasin bilong pret. As bilong pret em i olsem, Man I save em bai kisim pe nogut, na dispela i mekim em i pret. Sapos wanpela man i pret, orait yumi ken save, pasin bilong laikim tru ol arapela ino kamap strong yet long laip bilong em." (1 Jon 4:18).

E. Mipela bilip igat planti rot bilong autim tok

Yumi mas stap namel tasol. Yumi mas stap namel na abrusim ol kainkain toktok na hevi. Yumi no ken toktok planti long ol samting bai bringim yumi go longwe tasol olgeta taim yumi mas stap long namel. Bai yumi ken go wansait na igo daun or go antap.

3. Givm bel na laikim tru long autim tok long manmeri bilong God

Givim bel long wok misin i soim olsem yumi bihainim laik bilong God na tokaut long laikim/givim bel bilong God na pasin marimari long olgeta manmeri. Em i laik na laip bilong sios yumi stap long em. Insait long singaut long wok misin bilong Finias Brisii, namba wan Jeneral Superitenden bilong Nasarin Sios, itok, "Yumi i gat dinau long Tok bilong God olsem na yumi mas givim (Gutnius) long olgeta man long wankain mak olsem yumi bin kisim long em." Yumi gat wok long helpim ol man, bai ol iken tanim bel na kisim Jisas olsem Bikpela bilong ol.

A. Givm bel tru na laikim tru long autim tok long manmeri bilong God em Wok Jisas yet i kirapim.

- Taim em i lukim ol planti manmeri, em pilim sori long ol, long wanem ol arapela givim hevi long ol na ol ino inap long helpim ol yet, olsem sipsip ino gat was man. Em i tokim ol disaipel, "kaikai i redi tasol wokman i sot. Askim Bikpela, em papa bilong gaden, em bai salim wokman long bungim kaikai"(Matt 9:36-38).
- Jisas I tok "Ating yupela igat tok olsem, foapela mun istap yet na bihain bai yumi bungim kaikai? Tasol mi tokim yupela, opim ai na lukluk long gaden! Kaikai i redi pinis" (Jon 4:35).

B. Givm bel tru na laikim tru long autim tok long manmeri bilong God em Wok bilong autim gutnius em Jisas yet i givim na tokim mipela long bihainim.

- Em I tokim ol, "Go long olgeta hap graun na autim gutnius long olgeta manmeri " (Mak 16:15).
- Em tokim ol, "Ol i raitim tok olsem: Man bilong kisim bek yumi bai karim pen, dai na kirap bek long matmat long dei namba tri, na ol bai i autim tok long man i mas tanim bel na bai God i lusim sin long nem bilong Jisas long olgeta hap graun, na yupela mas stat long Jerusalem" (Luk 24:46-47).

C. Givm bel tru na laikim tru long autim tok long manmeri bilong God em Wok bilong autim gutnius, em Jisas I putim long han bilong ol Kristen long mekim

- "Na bai ol I autim dispela gutnius bilong kingdom bilong God long olgeta hap bilong graun, bai olgeta lain manmeri I ken harim, na bihain tasol bai las de I kamap" (Matyu 24:14).
- "Stilman ino save kam bilong mekim narapela samting. Nogat. Em I kam bilong stilim ol sipsip na bilong kilim ol i dai na bagarapim ol. Tasol mi, mi kam bilong ol i ken kisim laip, na bilong laip i ken pulap tru long ol" (Jon 10:10).

D. Givm bel tru na laikim tru long autim tok long manmeri bilong God em Holi Spirit strongim ol man i mekim wok bilong autim gutnius.

- Em isave strongim yumi wan wan na yumi wok bungim wantaim long soim pasin holi long ol man.
- "Tasol bihain Holi Spirit bai i kam i stap long yupela, na yupela bai autim tok bilong mi long Jerusalem na long olgeta hap bilong Judia, na long distrik Samaria, na igo inap long olgeta hap bilong graun" (Aposel 1:8).

E. Givm bel tru na laikim tru long autim tok long manmeri bilong God em Wok bilong autim gutnius em Holi Spirit yet i kamapim.

- Wok bilong Em i kamap strong na ples klia long laip bilong yumi na stap laip insait long yumi.
- "Tasol Holi spirit i save kirapim yumi long mekim ol gutpela pasin olsem, pasin bilong laikim tru ol arapela na pasin bilong amamas na pasin bilong stap bel isi na pasin bilong ino bel hat kwik na pasin bilong helpim ol man na mekim gutpela pasin long ol na pasin bilong wokabaut stret oltaim na pasin bilong stap isi na pasin bilong daunim laik bilong olpela bel. Ino gat wanpela lo i tambuim ol dispela kain pasin. Olgeta manmeri bilong lain bilong Krais ol i kisim olpela bel wantaim ol laik na mangal nogut bilong en, na ol i nilim pinis long diwai kros na em i dai pinis. Holi Spirit em i givim laip long yumi, olsem na yumi mas larim Holi Spirit i stiaim olgeta wokabaut bilong yumi". (Galasia 5:22-23)

F. Givm bel tru na laikim tru long autim tok long manmeri bilong God em Pasin bilong givim bel na autim gutnius i save givim laip na nupela strong long wanwan manmeri na sios wantaim.

- "Olsem na sapos wanpela man i pas wantaim Krais. Orait God i mekim em i kamap nupela man tru. Harim gut. Nau olpela pasin ipinis olgeta, na nupela pasin i kirap pinis" (2 Korin 5:17).
- Na long olgeta de Bikpela i wok long kisim bek sampela manmeri, na long dispela pasin em i mekim namba bilong ol manmeri i bilip long Jisas i kamap planti moa.

G. Givm bel tru na laikim tru long autim tok long manmeri bilong God em Pasin bilong givim bel na autim gutnius i soim o tokaut olsem yumi bihainim tok na pasin bilong Jisas.

- Wanpela bikpela samting yumi no inap long karamapim o haitim dispela bikpela senis Tok bilong God i bin kamapim insait long laip bilong Pol.
- Long wanpela testimony bilong em, Pol i tok, "God i givim mi wok bilong helpim ol Grik na ol man ino Grik tu, na ol save man na man ino gat save tu. Olsem na bel bilong mi i kirap long autim gutnius….mi no sem long autim gutnius, long wanem, strong bilong God i stap long gutnius, em i strong bilong kisim bek olgeta man i bilip"(Rom 1:14-16).

H. Givm bel tru na laikim tru long autim tok long manmeri bilong God em Pasin bilong laikim tru Krais i save opim dua long kisim dispela singaut o Wok misin insait long (Matyu 28:19-20)—trenin bilong yumi na samting bilong pait o yusim i save kam bihain.

- Long taim bilong traim na hevi, yumi mas save olsem Jisas Krais i bin karim hevi na pen olsem na em inap long helpim yumi.
- Long taim yumi wan bel na wok bung wantaim, maski man i gat save o nogat save, man save mekim gut o ino save mekim gut, mas wok bung long tokaut long nem bilong Krais.

I. Givm bel tru na laikim tru long autim tok long manmeri bilong God em Wok bilong autim tok o witnesim ol man, strong bilong yumi bai kam long Tok bilong God yet na bai kirapim na pusim yumi long autim tok long wok Jisas i mekim bilong kisim bek yumi.

- Yumi bilip long Tok bilong God na stadi o ridim bilong kisim save na tokim ol narapela long wanem samting God i laik bai yumi save long en.
- Tok bilong God i gat strong (pawa) long sut stret long pasin (givim bel kot) bilong man na meri, boi o pikinini meri i ken stret sindaun bilong ol wantaim God gen.
- Jisas yet em i gutpela piksa yumi ken lukim na bihainim. "Pikinini bilong Mani kam bilong painim ol man i lus na kisim bek ol" (Luk 19:10). "Wanpela de Jisas i givim tok long ol manmeri insait long banis bilong tempol, na em i autim gutnius long ol" (Luk 20:1).

J. Givm bel tru na laikim tru long autim tok long manmeri bilong God em Wok bilong autim gutnius i kirapim mipela long save gut tru long Jisas.

- Em i tok aut long yumi husat. Em I hap laip bilong yumi. Laip bilong yumi yet em ino bikpela samting taim yumi mekim wok bilong autim gutnius i kamap bikpela tru. Sapos yumi tingting long stap laip orait yumi mas tingting long autim tok tu.
- Em i tok aut long samting yumi save long en. Olsem ai pas man i givim testimony long Jisas i oraitim, "Wanpela samting mi save, mi bin aipas tasol nau mi ken lukluk gen!" (Jon 9:25).
- Em I soim amamas bilong yumi long mekim dispel wok God I sigautim yumi long mekim. "Samting yupela I bin kisim, em yupela I kisim nating, na ino gat pe bilong em. Olsem na yupela mas givim nating long ol manmeri. Yupela ino ken kisim pe long en" (Matyu 10:8b).

K. Givim bel tru na laikim tru long autim tok long manmeri bilong God em Witnesim ol arapela i kirapim yumi long mekim ol i kamap disaipel tu.

- Long wokabaut bilong yumi long olgeta dei, yumi mas winim bel bilong ol manmeri yumi save long ol na tu ol man meri yumi ino save long ol na autim bilip bilong yumi long ol.
- Olgeta lain i bihaimim Krais i mas lukautim gut wokabaut na sindaun bilong ol wantaim God. Na testimony bilong yumi mas stap stret long ai bilong ol manmeri.

L. Givim bel tru na laikim tru long autim tok long manmeri bilong God em Autim gutnius tu i save kirapim yumi long painim kainkain rot bilong autim gutnius.

- Tuls o ol samting bilong wok – Sampela bilong ol dispela tul em Piksa bilong Jisas (vidio), bal i gat 5pela kala long witnes na liklik samting olsem box igat piksa bilong Jisas.
- Rot bilong yusim – igat kainkain we bilong autim gutnius; wanpela Gutnius tasol.
- Plen long wanem rot bai yu autim gutnius – autris long maket long planti manmeri, o pren na wantok o wan tu wan, liklik grup, taun o ples na planti moa.

Yumi gat dinau long givim tok bilong God long olgeta manmeri long wankain mak olsem yumi bin kisim gutnius

-Phineas Bresee

4. Laikim long mekim ol arapela i kamap disaipel.

A. Jisas i singautim sios long laikm long mekim ol manmeri i kamap trupela disaipel.

- "Olsem na yupela go long olgeta hap na mekim olgeta lain manmeri i kamap disaipel bilong mi. Na yupela baptaisim ol long nem bilong Papa na bilong Pikinini na bilong Holi Spirit. Na yupela lainim ol long bihainim olgeta tok mi bin givim long yupela. Harim, mi save stap wantaim yupela long olgeta de, igo inap long dispela taim i pinis." (Matyu 28:19-20)
- Sios mas gat plen o rot bilong mekim ol manmeri I kamap disaipel olsem Jisas yet.
- Long disaipel i kamap olsem Jisas, manmeri imas pas wantaim Krais, gro insait long Krais na bihainim o mekim ol pasin Jisas i save mekim. Ol i save daunim laik bilong bodi, laikim God na bihainim wantaim bel, tewel, tingting, na olgeta strong bilong ol (Mak 12:30, Jon 15, Luk 9).
- Yumi mas igat laik long wok bung wantaim ol disaipel long helpim ol long kamapim daun pasin (daunim ol yet) bihainim na stap pas wantaim Jisas. Taim ol i pas wantaim Krais, Spirit bilong Em bai senisim pasin bilong ol, na ol bai kamap olsem Krais – senisim laik na pasin bilong nupela bilip manmeri na ol bai I bihainim laik na pasin bilong kingdom bilong God. Na ol I wok bung wantaim long wok misin bilong em na i olsem ol i planim gutpela kaikai sid bilong heven long laip bilong ol manmeri insait long wanwan haus bilong ol na insait long sios na olgeta hap graun.

B. Yumi stat long igo pas na soim rot long wanwan man bai ol i ken pas tru wantaim Jisas Krais na kamap poroman tru.

- Wokabaut long bilip i stat taim yumi autim sin na God i marimari na lusim sin taim yumi bilip long Jisas Krais.
- Dispela ol nupela lain ol i kamap nupela long Spirit na God i kisim ol igo insait long famili bilong

em yet olsem ol pikinini bilong em stret.

- Kamap nupela insait long Spirit isave senisim bel na tingting na pasin bilong man na ol isave autim testimony long senis i kamap long laip bilong ol long ol arapela.

- Yumi mas hariap long lukautim ol dispela nupela bilip manmeri na skulim o lainim ol long taim ol i tanim bel. Na tokim ol olsem ol i tanim bel na God i kisim bek ol na nao ol bai istap olsem gutpela piksa long bringim ol arapela i kam long Krais. Na bihain ol tu bai igo kisim ol narapela kam long Krais, na bihain ol nupela tanim bel lain bai sanap strong na go kisim ol sampela moa nupela lain i kam gen long krais. Bai yumi stap lain bilong wokim disaipel.

- Wok bilong kamapim strongpela disaipel em, taim yumi stap klostu lo ol na helpim ol go klostu long Jisas na wokabaut wantaim em.

> **Ol man bel bilong ol i kirap long wok bung na kamapim disaipel, dispela pasin bai i wok long helpim ol man i harim tok, na kamapim pren tru wantaim Jisas, Spirit bilong Krais bai senisim pasin bilong ol na ol i kamap olsem Krais Emyet. Em yet i save senisim ol nupela bilip manmeri, tingting na laik bilong ol i senis olgeta i go samting bilong heven na bungim olgeta wantaim insait long wok misin bilong Em (Jisas) bilong planim Tok Tru bilong em long laip bilong manmeri, haus, sios na long olgeta hap graun.**

C. Namba wan laik bilong yumi em long kamapim ol disaipel olsem Krais yet long olgeta strongpela wok i kamap long pulpit olsem autim Tok.

- Insait long tok ol pasto i autim, ol i givim stia long kamap strongpela bilip man insait long Krais.

- Ol pasto bilong mipela i save larim Tok bilong God I stap olsem namba wan ston na sanap long tok tru na autim tok na was long ol Kristen na helpim ol long grow long Kristen laip na tu bai ol i ken igat hanger long save moa long tok bilong God.

- Ol pasto bilong yumi i larim Tok bilong God istap stia na as bilong olgeta wok long kamapim disaipel olsem Krais yet.

- Ol pasto bilong yumi i save skulim ol Kristen bilong ol long stadi long Baibel na ol i ken tingim Tok bilong God i tok wanem long laip na wokabaut bilong ol long wanwan de na biainim Tok.

- Ol pasto bilong yumi save hatwok tru long redim gutpela tok em kaikai bilong spirit na givim long ol manmeri insait long wanpela yia. Ol ino sut long wanpela het tok tasol nogat, ol i autim planti tok i sut long pasin holi, bai ol ino ken go wansait na autim tok long wanpela het tok tasol.

- Ol pasto bilong yumi isave larim Holi Spirit bilong God givim strong na laip long olgeta samting ol i mekim bai em ino ken go wansait na long dispela pasin bai ol i kamapim ol disaipel olsem Krais yet.

- Jisas i autim tok long planti lain manmeri na em i tingting gut tru na skulim ol disaipel bilong em, em ol liklik lain tasol long ples hait.

- Long olgeta tok Jisas i autim, em i usim tok piksa bai ol manmeri i ken klia long minin o as bilong tok em i autim (Mak 4:34).

D. Mipela save strongim na promotim Sande Skul bilong ol manmeri long wanem em i save strongim na growim ol long kamap disaipel olsem Krais.

- Ol Sande Skul Tisa i save skulim ol manmeri wantaim ol lesen i sut long mekim ol disaipel olsem Krais yet. Mekim Tok bilong God klia na tok i gut long laip bilong yumi long wanwan de.
- Ol Sande Skul tisa bilong yumi save amamas tru long wok wantaim ol nupela tanim bel, ol i abrusim save bilong klasrum na go moa yet na bekim askim bilong ol na strongim bilip na helpim ol long gro insait long marimari bilong God.
- Sande Skul bilong mipela i save skulim ol pikinini igo inap long ol bikpela manmeri, em ol igat olgeta kain samting bilong Sande Skul long helpim ol save long Baibel. "Skulim pikinini bilong yu long bihainim gutpela pasin, na em bai wokabaut long dispela rot inap long em i lapun tru" (Gutpela Sindaun 22:6).

E. Yumi save kamapim ol liklik Baibel stadi grups na givim skul tok long strongim ol bai ol i mekim gut wok bilong ol.

- Ol liklik Baibel studi grup i givim helpim long tupela grup wantaim na wanpela i skulim wanpela moa bai ol i lukautim ol nupela tanim bel lain na ol lain husat i stap longpela taim tu ol lain bilong igo i kam.
- Insait long liklik grup, wanbel na pasin bilong wok bung i save kamap na i helpim ol long go aut na bungim ol nupela femili na dispela pasin i kamap olsem hap laip bilong ol.
- Ol dispela liklik grup ino sut long Baibel tasol, nogat ol i pilai o mekim ol arapela samting tu long helpim ol nupela lain long kamap strong na gro insait long marimari bilong God.
- Ol dispela liklik grup ino skulim ol long Sande long Tok bilong God tasol nogat, ol I abrusim dispela na igo moa long helpim ol long kamapim sampela samting bai helpim ol long bihain taim tu.

F. Mipela i amamas olsem, insait long sios igat kainkain ministry long kamapim ol disaipel olsem Krais yet.

- Baibel Kwis program (askim kwesten long Baibel.)
- Wok wantaim ol pikinini o pikinini ministry.
- Baibel skul bilong ol pikinini long taim bilong skul holide.
- Wokim autris long krismas na Ista holide.
- Wok sore o marimari long ol man i painim bagarap.
- Wok wantaim arapela long mekim em i kamap disaipol.
- Ministri bilong man, meri, olpela lain (lapun), bikpela manmeri, ol yanpela (yut) ol taim bilong pilai gem na tu kainkain grup bilong helpim ol na wokim bris bai ol i ken kam long Krais na stap insait long Sios.

G. Mipela laik tok strong long ol Kristen, ol i mas mekim o painim kainkain rot long strongim Kristen laip bilong ol na holimpas bilip.

- Ritim Baibel na wokim liklik stadi bilong yu yet. Put ai o harim long TV o radio tu.
- Pre long olgeta taim.
- Putim yau na harim Kristen musik tasol.
- Ritim ol buk o pepa i gat stori o piksa bilong Kristen samting.

- Painim wanpela Kristen pren husat bai prea na helpim yu long kamap olsem piksa bilong Jisas.
- Painim wanpela pren yu gat bilip long em i save laikim yu, na bai em i askim yu ol hatpela kwesten long Kristen samting.
- Kamapim daun pasin na tokaut o givim testimony long ol samting Krais i save mekim insait long laip bilong yu.

H. Mipela mas strongim na helpim ol Kristen long ol i mas painim God na stap insait long presens bilong em.
- Yumi ken tok stret olsem Kristen laip tru, em taim yumi wanwan i save tru long Jisas em i man bilong kisim yumi, na yumi wokabaut wantaim em long olgeta de.
- Ol disaipel i laik kamap olsem Jisas Krais em ol lain husat i save givim planti taim bilong ol long pas na stap wantaim Jisas.
- Long wankain pasin, yumi mas putim yau long harim Jisas i toktok long yumi, Tok bilong God em i kaikai bilong yumi long wanwan de, bai yumi ken amamas tru long stap klostu long em.
- Ol disaipel olsem Krais yet mas hanger long painim (God) Em na redi long tok aut o autim nem bilong em wantaim ol lain i stap klostu.

Prea, Tok bilong God, na hangre long helpim wanpela, narapela long kamap olsem Jisas yet bai stap olsem strongpela disaipel insait long sios long helpim ol arapela long kamap disaipel.

I. Mipela tok kirapim tingting bilong ol disaipol long ol mas amamas long kamapim ol disaipel olsem Krais yet.
- Bikpela Jisas yet i makim na givim tok orait long yumi mas kamapim ol disaipel (Matyu 28:19-20).
- Yumi mas prea oltaim na askim wanpela olpela o strongpela Kristen husat igat hangre long helpim ol arapela long stap klostu wantain yumi na helpim yumi.
- Yumi mas prea na askim ol sampela liklik lain bilip manmeri long kam joinim yumi na stap insait long liklik lain yumi laik mekim ol I kamap disaipel.
- Yumi givim laip, taim, na kago na strong bilong yumi long kamapim nupela disaipol na yumi olgeta wantaim mas painim laik bilong God long laip bilong yumi.
- Em i moa gutpela long usim ol sotpela Baibel stori wantaim ol liklik grup bai strongim bilip na kamap olsem strongpela pos bilong strongim haus. Ol nupela disaipol kisim strong na ol tu bai igo witnesim ol wantok na pren bilong ol.
- Prea, Tok bilong God na hangre long helpim ol arapela long kamap olsem Jisas yet na bihainim pasin bilong em na ol arapela bai lukim Jisas long laip bilong disaipol bilong em.

5. Senis insait long Sios.

A. Kristen Sios istat wantaim Jisas Krais husat i statim sios wantaim ol liklik lain i holim wankain bilip.
- Olgeta manmeri igat o holim wankain bilip i save bung wantaim long olgeta de na givim lotu long God.
- Na em i stat long gro na namba i suruk igo antap na ol nupela sios i kirap long olgeta hap insait

long namba wok misin bilong Pol na Banabas (Aposel 13:14).

B. Pol i statim namba tu wok misin bilong em wantaim plen long kirapim sios, tasol Holi Spirit i kisim em igo long narapela hap (Aposel 16).

- Yumi mas stap redi na painim laik bilong God long laip bilong yumi na larim Holi Spirit i givim stia long yumi long mekim dispela wok.
- Pol i gat driman long mekim wok misin. Driman na plen bilong Pol i no kam long ol pipel o bilip lain. Em i kam stret long lewa bilong God. Driman bilong yumi long planim nupela sios imas kam long lewa (laik) bilong God tu.
- Insait long driman bilong en, Pol i lukim wanpela man long driman. Em ino lukim plen bilong wanpela man i laik wokim haus, ino plen bilong mekim samting, ino tokples o plak (flag) nating, ino nem bilong wanpela samting, o wanpela program pepa. Long driman Pol i lukim man i lus long sin. Driman bilong yumi long planim sios i mas stap klia, em bilong helpim ol man i lus long sin. Husat bai kamap pren bilong Jisas Krais na pas wantaim em.
- Long driman Pol i lukim man bilong Masedonia. Em man bilong wanpela ples, igat pasin tumbuna, na tokples na longpela lain tumbuna stori. God bai soim yumi wanpela lain, o family o komuniti. Yumi mas painim aut na bihain laik bilong God insait long olgeta driman.
- Long driman Pol i lukim man bilong Masedonia i sanap istap. Dispela man em i no narakain long Pol. Pol i no winim dispela man, tupela i wankain. Yumi mas lukim wanpela, arapela long ai stret na tok; Dispela man bai mi brigim Gutnius igo long em, em mi mas rispektim em na mi no ken ting em bai rispektim mi.
- Long driman Pol i lukim man bilong Masedonia i sanap i stap na singaut, "Kam long hapsait na helpim mipela!" Dispela kain driman i mas kirapim mipela long go kirapim sios long taun, ples klostu long yumi, wanlaim, hausman o family bilong yumi.

Yumi mas bringim Krais i I kam long hap yumi stap long en

C. Long driman God i soim Pol olsem wanpela lida i mas stap na i mas pulap long Holi Spirit bai God i ken yusim em long bringim senis igo long sios.

- Long driman dispela man bilong Masedonia em wanpela meri na ino man. Lidia bilong Filipai em wanpela meri igat bikpela rispek long dispela ples na dua I op long usim em long wok misin long Filipai.
- Pol i painim sampela lain i harim tok bilong em na rispektim em. Em sampela lain meri i kam bung na prea arere long wara.
- Pol ino statim sios wantaim ol Israel long haus lotu bilong ol Juda olsem bipo em i save mekim, nogat. Em i statim sios insait long wanpela haus nating.
- Lidia, save wok bisnis long salim pepol laplap, pei bilong en i antap tru, tasol em igo pas long larim dua I op na haus bilong em i kamap sios na em yet I kamap lida bilong dispela nupela sios.
- Long kirapim nupela sios yumi no ken dipen long ekspiriens bilong bipo.

D. Long plenim sios igat planti pen na hatwok i stap.

- Pol na Sailas i mekim gutpela wok misin tasol ol i putim tupela long kalabus. Tupela i wanbel na karim dispela hevi. Namel long pen bilong tupela, tupela singim song na litimapim God long wanem tupela i save olsem tupela karim pen long nem bilong Jisas (Aposel 16:25).

- Long nau tu planti sios leader na ol lain (Kristen) i bihainim Jisas na laik planim sios i save karim wankain hevi tu. Bai yumi prea planti, ai wara bai pundaun, hat wok, givim strong bilong yu tu, bai usim poket mani bilong yu yet, na sampela taim blut bai kasait pastaim na bai nupela sios i kirap.

- Namel long bikpela hevi i kamap long Pol na Sailas, wanpela sios i kirap insait long wanpela haus long Filipai na woda bilong banis kalabus i kamap nupela Pasta bilong Nupela Sios.

E. Yumi mas pas wantaim God na bai yumi inap save long stia bilong Holi Spirt long laip bilong yumi namel long hevi bilong yumi yet.

- Pol na Sailas ino lukim pen na kalabus bilong tupela na ting olsem tupela lus pinis, Nogat, tupela save Spirit bilong God bai makim tupela win long taim tupela i stap namel long bikpela hevi.

- Pol na Sailas i save olsem Spirit bilong God i wok long stia tupela long dispela wok olsem na God yet inap long lukautim tupelo.

- Dispela graun guria i bagarapim kalabus banis long Filipai i soim olsem God i stap insait long dispela hevi tu (Aposel 16:25-26). Em ino inap tru long lus tingting long yumi taim yumi bungim hevi insait long wok misin.

- Taim yumi bihainim Tok bilong God na bihainim laik bilong God, long taim bilong God yet, Em bai kam wantaim narakain pawa na helpim yumi. Maski sapos pasin nogut i wok long stopim wok bilong God na wok ino go hariap, God i gat last Tok long mekim long olgeta samting.

- Yumi ino inap mekim wok bilong Kingdom bilong God long strong bilong yumi yet. God yet i wokim na bildim kingdom bilong em.

F. Planti nupela senis i kamap pinis insait long sios long nau na ino moa stap olsem sios bilong bipo.

- Kristen Sios ino bin wokim na gat haus lotu taim sios i stat nupela klostu long 2000 yia igo pinis.

- Tingting o aidia bilong wokim ol naispela haus lotu na larim wanpela fultaim pasta I stap i kamap nau tasol.

- Holi Spirit long nau i wok long givim stia bai sios i mas kamap nupela gen na kamapim sampela nupela senis insait long sios.

Insait long Nasarin Sios, Mining bilong sios em rit o tok olsem: Emo l kainkain grup husat i save bung wantaim long olgeta de long kisim kaikai o helpim long sait bilong spirit. Ol i save bung wantaim na givim lotu long God, ol i save makim taim na kam bung long wanpela ples long kisim skul toktok, ol i save makim wanpela lida long go pas long ol, na wanbel long Tok bilong God na wok misin o wok mak bilong Nasarin Sios bai i ken kamap ples klia olsem wanpela sios tru. Na givim ripot igo long Distrik bai sios i ken save hamas memba i stap (Bod bilong Jeneral Supritenden). O yumi ken tok olsem sios emo l planti kain grup i gat wankain bilip, na em ino wanpela haus tasol.

- Ol olpela sios i mas wok long kirapim na planim ol nupela sios.
- Dispela nupela lain o sios i bin bung insait long haus o long ples klia o as bilong diwai.

- Na pasto i mas kisim wanpela Kristen na skulim na lainim em long wok pasto.
- Sapos yumi bihainim dispela kain pasin bilong kirapim nupela sios, bai yumi ino inap tromoi planti moni tumas. Na ol layman tu I ken helpim long mekim wok bilong kirapim nupela sios sapos ol I pilim singaut bilong God.
- Sapos yumi bihainim dispela pasin bai God yet I kirapim nupela sios long olgeta hap. God I painim man husat I gat hangre long mekim kain wok olsem na tu man I gat driman long kamapim samting, em bai harim singaut bilong God na larim God yet I yusim em long we Em yet I laikim.

G. Bikpela as tingting long kamapim sampela senis insait long sios em long witnesim na bringim nupela lain i kam long Jisas Krais.
- Jisas i tok, "Mi mas autim gutnius bilong kingdom bilong God long ol arapela taun tu. God i salim mi na mi kam bilong long mekim dispela wok" (Luk 4:43).
- Yumi stap olsem maus man, i makim kingdom bilong God na givim mipela yet long Em na mekim wok na kamapim sampela senis insait long sios.
- Strong na hatwok bilong mipela ino bilong amamasim o strongim wanpela grup o kampani.
- Mipela laikim planti o olgeta manmeri mas kam na luk save long Jisas Krais olsem Em tasol inap long kisim bek ol long pasin nogut bilong ol.
- Na bai yumi ken helpim ol dispela nupela bilip lain na mekim ol I kamap disaipol olsem Jisas Krais yet.
- Jisas i tok, "Tasol mi tokim yupela, yupela i mas lukluk nambaut na lukim gut ol gaden. Ol kaiakai i redi pinis" (Jon 4:35).

6. Ol lida husat I save bringim planti senis

A. Yumi mas painim na kamapim lida husat bai stap olsem gutpela piksa bilong Jisas. Yumi mas bihainim lekmak bilong Jisas long wanem em I eksampel bilong yumi.em.

> **Ol lida husat i save bringim planti senis i stap olsem piksa bilong Jisas.**

B. Ol lida husat I save bringim planti senis i save daunim ol yet na stap aninit long ol arapela.
- Ol i save bihainim lek mak bilong Jisas, husat i bin bihainim laik bilong Papa God (Filipai 2:5-8).
- Ol i save bilip na prea long God bai harim na inapim olgeta nid bilong ol (Jon 15:7)
- Ol i save aninit long narapela lida na ting olsem ol yet ol yet ino bik man tumas (Efesus 5:21).

C. Ol lida husat I save bringim planti senis i save stap olsem wok boi tasol.
- Ol i save bihainim lek mak bilong Jisas husat ion kam bai man i ken mekim gut na helpim em, nogat! Em i kam bilong helpim ol man na kisim bek ol (Mak 10:45; Matyu 28:20).
- Ol i mas lidim ol manmeri wantaim daun spirit olsem bilong Jisas Krais na stap wok boi bilong arapela (Filipai 2).

D. Ol lida husat I save bringim planti senis i save gat driman long kamapim nupela senis na kamapim planti gutpela save.

- "Sapos Bikpela ino givim tok long ol manmeri, bai ol i mekim kainkain pasin nambaut na lus" (Gutpela Sindaun 29:18)

- "Orait na Bikpela i tokim mi olsem, mi laik givim yu sampela tok long wanpela samting olsem driman. Yu raitim gut dispela tok long wanpela hap ston na wanem man i laik ritim, em i ken lukim gut" (Habakuk 2:2).

- Jisas kamapim kingdom bilong God long ples klia olsem wanpela piksa b'long yumi ken lukim. Yumi mas mekim wankain pasin bai ol man ino ken paul tasol ol i ken save na kisim klia tingting.

- Ol dispel pasin bai mekim na ol manmeri bai save olsem yu lida o yu man bilong bihainim olarapela tasol. Lida igat driman em i save prea na painim aut laik na driman bilong God na bihain toktok wantaim sios, bai ol Kristen i ken mekim dispel driman i kamap olsem driman bilong ol yet.

E. Ol lida husat I save bringim planti senis i save tingting long kamapim planti gutpela plen na senis.

- Ol i save skelim gut tingting, ol i gat inap samting long mekim dispela driman i kamap i karim kaikai bai ol Kristen manmeri i ken lukim na bel i kirap long mekim wok bilong God.

- Ol i save tingim na luksave long ol hevi bai kamap long dispela taim na triam long stretim wantaim ol bekim i kam long Baibel olsem pikinini bilong Isaka i bin mekim (1 Stori 12:32).

- Long tingting ol i lukim pinis hamas nupela lain bai ol witnesim na bringim ol i kam insait long lain bilong God.

- Ol i mas autim driman bilong ol na long Kristen na larim ol Kristen i mas mekim dispela driman i kamap olsem driman bilong ol yet, bai ol i wok bung wantaim long bungim kaikai insait long gagen bilong God.

- Bai ol i bungim driman na wok misin wantaim na dispela bai kamap wanpela strongpela tul long helpim kingdom bilong God i gro.

F. Ol lida husat I save bringim planti senis i save olsem wok bung wantaim olsem wanpela tim em bikpela samting tru.

- Jisas i olsem gutpela piksa yumi ken lukim na bihainim; Em i kamapim wanpela tim, skulim na strongim ol, olsem na em yet i no mekim olgeta wok misin (Matyu 10).

- Ol disaipol bilong Jisas em ol man nating olsem yumi, tasol ol i tanim dispela graun apsait-daun (Aposel 17:6).

- Lida i senis olgeta i save kamapim tim na olgeta i save wok bung wantaim long mekim wok insait long kingdom bilong God.

G. Ol lida husat I save bringim planti senis isave gat gat pasin bilong sori long olgeta manmeri na i mas gat strongpela tingting long helpim na strongim ol.

- Taim Jisas i salim ol disaipela igo long wok misin, em i givim skul tok long ol olsem, "Olsem na yupela i mas bihainim pasin bilong ol snek.....na yupela i mas bihainim pasin bilong ol dispela pisin ol i kolim balus" (Matyu 10:16).

- Lida i senis olgeta mas stap stret oltaim, em mas Igat pasin bilong marimari long olgeta man, stap man bilong bihainim lo na stretim ol man taim ol i mekim asua, redi long helpim ol arapela i stap long hevi na long dispel pasin yumi inap long kamapim pasin holi long ples klia.

- Ol mas i gat gutpela save long stretim toktok o hevi na ol ino ken senisim toktok o tingting bilong ol tasol ol i mas sanap strong long wanem disisen ol i wokim pinis long en.

- Tasol ol i no ken traim long stretim toktok wantaim belhat, nogat; ol i mas mekim wantaim gutpela bel na pasin bilong laikim arapela na wantaim sori.
- Ol i mas tok tru tasol na laikim olgeta long wankain pasin (Efesus 4:15).

H. Ol lida husat I save bringim planti senis i save tok klia na tok stret na ino save haitim o holim bek sampela tok bilong em.

- Taim Jisas i stap long graun, oltaim em i save tok olsem, husat i gat "iyao mas harim"(Matyu 13:43). Jisas i tok olgeta lain i laik bihainim em mas putim iyao gut na harim gut olgeta tok bilong en.
- Lida i senis olgeta i mas no ken paulim ol man long toktok bilong em. Emi no ken stap man b'long tupela maus. Em i mas mekim tok bilong en klia bai ol man i save long minin bilong tok bilong em olsem Jisas yet i save mekim.
- Lida i senis olgeta i mas save wanem kain tok bai em i toktok long en, long wanem tok bilong em i ken kirapim bel bilong man o I ken pusim ol long mekim samting o i ken paulim ol tu "Na sapos biugel ino krai strong o krai stret, husat bai redi long pait?" (2 Korin 14:8).

I. Ol lida husat I save bringim planti senis i save skelim wok long ol na strongim na givim ol tok orait long ol i ken go mekim nupela disaipel na ol tu inap long skulim, treinim na wokim nupela disaipel na surikim i go long ol yangpela bilong tumoro na bihain na kingdom bilong God bai go het yet.

- Joshua i asua na ino lainim na treinim ol nupela lida bai kam na senisim em bihain, em i stap lida long wan sais bilong em tasol lus tingting long bihain. Taim em i dai ino gat lida long senisim em (Hetman 2:10).
- Lida husat i senis olgeta ino save stap olsem bosman o sisa o king igo inap long dai bilong em. Em i save treinim ol nupela lida bilong nao na bihain tu na ino save pret long wanem samting bai kamap bihain.
- Ol i save painim man i gat gift na trenim em, givim em tok otrait long mekim samting na givim stia long em long wanem dispela em i wok bilong kingdom b'long God.
- Ino gat wanpela lida husat bai stap oltaim, long wanem wanpela bai i senisim yu bihain. Gutpela lida i save kamapim nupela lida, "Na olgeta tok yu bin harim autim long ai bilong planti man, dispela yu mas givim long ol man i save holim strong Tok bilong God, na ol bai inap long skulim ol arapela man tu" (2 Timoti 2:2).

7. Igat as tingting long Wok sori wantaim gutpela bel.

A. Igat as tingting long Wok sori wantaim gutpela bel o tingting i save kamapim ples klia hamas yumi laikim God.

- God i salim Pikinini bilong em i kam daun na em i kisim ples bilong yumi na dai long diwai kros. Long dispela pasin God i soim tru olsem em i laikim yumi moa yet, na mekim sori kamap ples klia.
- John 3:16-17 i tokim yumi olsem, God I laikim yumi tumas na pulap long bel sori na Em i kapsaitim dispela laikim bilong em na siom yumi insait long wok Jisas i mekim long diwai kros bai yumi ken kisim laip i stap gut oltaim. Wankain olsem 1 Jon 3:16-17 i tokim yumi God i laikim ol manmeri tumas na em i putim kamap ples klia laikim na sori bilong em. Long laik bilong em yet God i sori long ol bilip manmeri namel long arapela samting God i bin wokim.
- Laip bilong Jisas , wok misin b'long em, dai na kirap bek bilong Jisas i soim olsem, sapos wanpela

man o meri husat i laikim tru wanpela man husat i bagarap tru na kisim ples bilong man i bagarap long stretim rong bilong em na tu bilong olgeta manmeri long olgeta hap graun (Matyu 9:36).

B. Igat as tingting long Wok sori wantaim gutpela bel olgeta taim i mas mekim long nem bilong Jisas.

- Long sait bilong sori na helpim ol arapela, Jisas i stap olsem gutpela piksa long yumi ken lukim na bihainim. Baibel i tok, Jisas i laikim tru olgeta manmeri long tingting, long strong, long tewel, long lewa bilong en na "karim pen" wantaim man.

- Wanpela samting i kirapim Jisas long sori na laikim tru ol man em; sampela ol i stap tarangu, sampela i lus long sin, sik i bagarapim ol, sampela i pilim daun tru, na sampela ol mani man i givim hevi long ol, ol lus olsem sipsip i nogat wasman.

- Jisas i bin stap God tru tru na bihain em i kamap man tru tru, Jisas i soim yumi pasin bilong sori na stap olsem gutpela piksa namel long ol manmeri.

Olgeta wok marimari o wok sori yumi mekim o wok bilong help ol nating o wok ino gat pei insait long nem bilong Jisas, yumi laik soim ol long hamas yumi laikim Jisas.

A. Igat as tingting long Wok sori wantaim gutpela bel ino bilong daunim o givim sem long arapela o mekim ol i pilim daun, em i bilong siom ol olsem ol i spesol.

- Yumi manmeri bilong God i laik soim ol arapela manmeri olsem gutpela samting bai kamap bihain, yumi laik tokim ol olsem yumi laikim ol, helpim ol long save olsem ol i piksa bilong God na God yet i wokim ol namel long olgeta samting God yet i wokim.

- Taim yumi mekim wok sori, yumi ino ken i gat tingting hait o ting olsem ol bai bekim bek dispela pasin bilong mi long bihain. Nogat! Long wok sori yumi mekim bai i tok aut long ol arapela long hamas yumi laikim God dispela bai opim dua long ol i lukim Jisas long laip bilong yumi.

B. Igat as tingting long Wok sori wantaim gutpela bel i save kamap long laip bilong ol Kristen manmeri husat laip bilong ol i senis olgeta.

- Wok bilong sios em i bilong bungim ol pikinini bilong God na sori long ol, givim bel na laikim tru arapelapela narapela long dispel a graun.

- Wok bilong sori na helpim ol arapela bai ino inap pinis na man tu bai ino inap pinisim dispela pasin long strong na save bilong ol.

- Insait long bodi bilong Krais, singaut bilong yumi long tasim laip bilong manmeri wantaim wok sori o wok marimari em wanpela holines wok Krais i kamapim na Holi Spirit bai helpim na stiaim yumi long mekim.

- Holi Spirit i save senisim bel na laip bilong Kristen na ol gen bai bringim senis i go long komuniti na long bodi o tingting na long sait bilong spirit na bringim senis long olgeta hap graun.

- Pasin bilong givim bel na sori o long helpim ol arapela em i mas kamap laip bilong yumi na holim-pas dispela pasin long olgeta taim na ol Kristen manmeri mas stap insait long dispela pasin tu.

C. Igat as tingting long Wok sori wantaim gutpela bel insait long Weslien pasin o kastem long mekim wok misin long helpim olgeta hap laip bilong wanpela man o meri.

- Papa God i salim yumi na Holi Spirit i strongim yumi long go long olgeta hap long laikim ol manmeri na mekim wok bilong God

- Yumi bilip Papa God i wok pinis insait long laip bilong wanwan man long strong bilong Holi Spirit na Em i singautim yumi long poromanim em long mekim dispela wok.
- Wok tru long witnesim sinman em i kaikai bilong singaut yumi kisim long God taim yumi autim Jisas long ol manmeri ol i stap raunim yumi.
- Yumi karim planti hevi na pen long nem bilong Jisas, klostu long lusim bilip, tasol namel long ol hevi yumi painim rot long helpim ol man i bagarap long sin, tokim ol long gutpela samting bai kamap bihain o we bilong stap bel isi na soim ol long pasin bilong laikim tru ol arapela, strongim bel bilong ol husat i karim hevi long han bilong ol narapela, na ol trangu na ino inap long helpim ol yet.
- Pasin bilong laikim tru arapela i save bungim yumi long kamap gutpela pren in sait long komuniti, na yumi helpim arapela arapela long karim hevi wantaim. Long dispela rot God i wokim sios bilong en na Bodi bilong Krais i kamap bikpela.

D. Igat as tingting long Wok sori wantaim gutpela bel na tingting i save ran olsem wara long laip bilong yumi I soim hamas yumi laikim na aninit long God na wok bung long bringim ol manmeri lus long sin i go long Krais.

- Yumi ken lukim, harim, na stap redi long harim singaut na krai bilong ol manmeri i bagarap na helpim ol olsem God i mekim long helpim ol.
- Yumi mas redi long usim olgeta samting yumi gat olsem: mani, save, strong, na kago long helpim man i bagarap long sin long kam aut painim liak bilong God na kisim Krais long laip bilong em na stap bel isi long graun.
- Na tu yumi mas traim long stretim ol bagarap insait long komuniti yumi stap long en. Ol samting i save givim hevi na bagarapim, bodi na spirit wantaim. Yumi mas wok bung wantaim long nem bilong Jisas bai yumi ken daunim pasin nogut na win.
- Long olgeta samting yumi mekim, yumi mas inapim dispela wok misin Bikpela i givim yumi na long dispela pasin bai yumi givim biknem na glory i go long God Antap tru (Maika 6:8).

WESLIEN TIOLO SI BILONG YUMI

Mirakel bilong marimari bilong God we em save senisim yumi.

"Marimari bilong God i bikpela moa long ol sin bilong yumi". Em i bikpela samting tru! Dispela e mi nambawan lain bilong wanpela song.

Long Jisas, God i kamap man na em yet i wok hariap long kisim bek ol manmeri i go long Em yet. (John 3 15 – 16, Rom 1: 1 – 16). Taim yumi bin stap sin manmeri yet, God i bin givim pikinini bilong Em yet "olsem wanpela ofa bilong kisim bek yumi" long sin (Rom 3: 25) God Bikpela husat i bin wokim skai na graun i kamap olsem sin man na i wokim rot bilong yumi long kamap nupela.

Long Jisas Krais, na long stretpela pasin bilong God, Em i kamapim Em yet ples klia (Rom 3: 21). Sapos God ino bin mekim dispeLa pasin, olgeta manmeri inap stap longwe tru long God (Ef1: 5:20). God yet I winim pinis olgeta kainkain pawa husat inap mekim yumi istap longwe long God yet (Kol 2:15) nau "long marimari bilong Jisas Krais" (Rom 3:22), yumi kamap fri (Rom 8:2)!

Nupela Testamen yet i wok yet long kamapim song bilong litimapim nem bilong God husat ibin givim yumi olgeta gutpela gutpela samting (Ef 1:6 – 10). Insait long Krais, olgeta bilong God i bin kamap ples klia long bodi, na husat i kisim Jisas long laip bilong en bai i kamap olsem Em. (Kol 2: 8 – 15) Bihain long yumi glasim gut gutpela bilong marimari bilong God. Pol i tok, "Oloman pasin bilong God, gutpela bilong Em, save na tingting bilong God i dip olgeta! "(Rom 11:33). Sampela bilong ol dispela gutpela samting em yumi ken luksave olsem: lusim rong, pulap long Holi Spirit, kamap olsem piksa bilong Krais yet, gutpela laip i stap oltaim oltaim, stap bel isi wantaim God, God i kisim bek yumi, bung wantaim ol bilip manmeri long sios, na bilip na wetim Jisas bai i kam bek gen.

Taim Jisas bin toktok, ol hamas man na meri i bin harim em i "gutpela gutnius tru olgeta" olsem, God i save mekim sin manmeri i kam bek long Em yet fri olgeta. Maski wanpela man nogut bilong kisim takis we olgeta manmeri i no bin laikim em na wanpela pamuk meri taim ol i harim laikim bilong God, i bin tanim bel na i kisim laip i stap oltaim oltaim. God yet i save givim Em yet fri olgeta long husat i save luksave olsem, em ino inap helpim em yet long stap stret o kisim marimari bilong God (Lk 15:).

Bipo yet taim yumi i no save yet, na Holi Spirit i wok pinis, long bringim yumi i go long God. Man bilong raitim Sam i tok, "I nogat wanpela ples we yu i no inap harim nek bilong God (Sam 19: 3). Pol i tokim yumi olsem, olgeta taim, skai na graun na olgeta samting i stap long han bilong God lon stap bilong ol (Kol 1: 15 – 19) John tokaut olsem Jisas yet i save kliaim tingting bilong olgeta man (Jon 19).

Long ol sampela wei, we God yet tasol long gutpela pasin bilong Em, Holi spirit i save wok wantaim long ol wanwan manmeri na ol komuniti long opim dua bilong Gutnius. Em i save go pas na tokaut klia tru long Gutnius na i save redim bel bilong ol manmeri bilong harim-na kisim dispela Gutnius tu.

Olgeta Kristen i ken tingim bek long wanem kain wei, we Holi Spirit i bin bringim ol i kam long luksave long Jisas. Dispela kain pasin we God i save redim ol manmeri em yumi i kolim, "Manmeri bilong God i go pas".

God Em i bilong Yumi. Olgeta samting God i bin kamapim insait long pikinini bilong Em. Em i givim long yumi long wok bilong Holi Spirit. Tru tumas, olgeta hap graun ol manmeri i kisim olgeta gutpela samting Papa God i kamapim insait long Pikinini bilong Em (Rom 8: 19 – 25).

God i save tekewe sin bilong ol manmeri i kam bek long Em yet na kolim ol stretpela manmeri. Long pasin bilip bilong yumi tasol God I kolim yumi stretpela manmeri.

God i kolim yumi stretpela em i wanpela hap wok bilong God, em namba wan samting. Namba tu gutpela samting em i olsem, Spirit bilong God yet i save stap insait long man i tanim bel na i kamapim laip bilong God yet. Manmeri i tanim bel i kamap nupela, long Spirit bilong God. Long Nupela Testamen, dispela luksave long laip insait long Spirit nupela laip i laip i kam long heven, laip i stap oltaim oltaim, go insait long kingdom bilong God, wokabaut long nupela laip na laip long Spirit.

Wanem kain tokpleslong dispela graun, long marimari bilong God, Holi Spirit yet i stap nambawan insait long laip bilong Kristen na i save kamapim senis. We dai bin stap bipo, nau laip i stap. We kros pait i bin stap bipo, nau bel isi i stap, we nogut i bin stap nau promis bilong gutpela laip istap. Nupela Testamen i tok aut olsem, "Sapos wanpela man i stap insait long Krais, em i kamap nupela. Olpela pasin i pinis na nupela pasin i kamap! olgeta dispela samting i kam long God. 2 Korin 5: 17 – 18a.

Nupela Testamen i tok long Kristen i "stap long Krais" na Krais i stap insait long ol. Long narapela we em i olsem, Kristen i nau kamap wanbel wantaim God, long wanem long bilip ol i stap long Krais." (Rom 8: 1). Em yet i save bringim ol sin man i go long Em.

Baibel long Nupela Testamen tu i tok long Krais i stap long yumi olsem "yumi wetim long kisim laip i stap gut oltaim oltaim bihain" (Kol 1: 27) Jisas yet i save givim laip long strong bilong Holi Spirit. Em i save givim Em yet long yumi. Em i stap insait long yumi na i save kamapim ol gutpela gutpela kaikai (Gal 5: 23 – 27).

"Tasol," planti i gat askim "tru tru bai mi stap wanem kain Kristen? Olpela bel inap kamap ples klia long laip bilong mi? o dispela Spirit bilong God nau i stap insait long mi inap kamapim gutpela laip? Nupela Testamen i tok, "Man istap insait long yu i winim tru ol man i stap insait long ol man bilong dispela graun" (1 John 4: 4).

Dispela strong i bin kirapim Jisas long matmat, we i mekim em i winim dai, hel, sin na matmat – nau i save wok insait long yumi long strong bilong Holi Spirit (Efesus 1: 9). Bipo olpela bel i bin bosim yumi tasol nau "long Krais Jisas long lo bilong Spirit bilong God i mekim mi kamap fri long sin na dai". (Rom 8:2)

I nais tru olsem, Kristen i pulapim long Holi Spirit na ol i no bihainim laik bilong bodi tasol ol i bihainim laik bilong spirit. (Rom 8: 1 – 8) Yu save tru long bel bilong yu olsem God i bin kisim bek yu pinis o nogat?

Mirakel bilong marimari bilong God we em save senisim yumi tok yumi kisim I kam long-
"The Miracle of Transforming Grace" essay taken from, The Reflecting God Study Bible® 2000. Bible copyright by The Zondervan Corporation and Essay by Beacon Hill Press of Kansas City.
Used by permission

SIOS BILONG NASARIN
OL BUN BILIP

Tok i go pas

Bilong holim strong yet na i no lusim ol dispela gutpela samtingyumi kisim na bungim bilong bipo ikam inap nau em tru yumi kisim long God, na dispela bilip bipo ol bilipman i bin givim, long dispela ol bun bilip long namba tu wok marimari bilong Holi Spirit na ol arapela bilip tu bilong ol Kristen, sios, yumi ol Pasto na leimanmeri bilong Nasarin Sios

I bihainim tru olgeta lo insait long mama lo or konstitusen bilong Nasarin sios bilong, wanbel lo ng ol dispela lo, kisim olsem lo bilong mi yet olsem olgeta Bun Bilip, ol tok long Kristen wokabaut na pasin, ol lo bilong Nasarin Sios na sios gavman, em ol dispela tok yu painim I kam bihain long dispela:-

1. God Triwan

Yumi bilip long wanpela God i bin stap bipo, nau na bai stap oltaim oltaim bihain. Em i gat olgeta strong na Em yet i holim dispela skai na graun long han bilong Em. Dispela Holipela God i bin kamapim Em yet ples klia long Papa, Pikinini na Holi Spirit

> Stat 1, Wokpris 19: 2, Lo 6: 4 – 5, Aisaia 9: 5 – 16, 6: 1 – 7, 40: 18 – 31, Mat 3: 16 – 17, 28: 19 – 20, Jn 14: 6 – 27, 1 Korin 8: 6, 2 Korin 13: 14, Gal 4: 4 – 6; Efesus 2: 13 – 18, 1 Jn 1: 5, 4: 8

2. Jisas Krais

Mipela bilip long Jisas Krais Em i namba tu man insait long God Triwan. Em i bin stap bipo tru. Holi Spirit i mekim Em i kamap man na yanpela meri Maria husat I no bin slip wantaim wanpela man yet i karim Em, long dispela pasin Jisas istap man tru na God tru wantaim- God-Man.

Mipela bilip olsem Jisas Krais i dai long sin bilong yumi. Em bin kirapbek long matmat na kisim bek bodi bilong bilong em yet (bodi no sting long matmat), na olgeta samting we inap mekim man i kamap stretpela. Em i go bek long heven, na i sindaun long hansut bilong Papa God na i mekim prea long yumi i stap.

> Mt 1: 20 – 25, 16: 15 – 16, Lk 1: 26 – 35, Jn 1: 1 – 18, Ap 2: 22 – 36; Rom 8: 3, 32 – 34, Gal 4: 4 – 5, Filipai 2: 5 – 11, Kol 1: 12 – 22, 1 Tim 6: 14 – 16, Hibru 1: 1 – 5, 7: 22 – 28, 9: 24 – 28: 1Jn 1: 1 – 3, 4: 2 – 3, 15

 3. Holi Spirit

Mipela bilip long Holi Spirit, em Namba Tu man insait long God Triwan. Em i stap wantaim yumi na em I wok strong insait na wantaim sios oltaim oltaim na save sutim bel bilong ol man long sin pasin, makim nupela ol husat i bin tanim bel pinis, mekim ol bilip manmeri kamap holi na i save mekim kamap ples klia mining o as bilong tok, kamap klia wankain olsem Jisas

> Jn 7:39, 14: 15 – 18, 26; 16: 7 – 15; Ap 2: 33, 15: 8 – 9, Rom 8: 1 – 27, Gal 3: 1 – 14, 4: 6, Ef 3: 14 – 21, 1 Tes 4: 7 -8, 2 Thes 2: 13; 1 Pita 1: 2, 1 Jn 3: 24, 4: 13

4. Holi Baibel

Mipela bilip olsem Holi Spirit I stiaim ol manmeri long raitim olgeta tok bilong God, long dispela mipela I kisim 66-pela buk bilong Olpela na Nupela Testamen olsem tok bilong God. Ol dispela tok i no gat asua, ol tok I kamapim laik bilong God long laip bilong yumi na ol arapela samting tu we yumi inap kam na luksave long Jisas. olsem na wanem tok i no stap insait long Buk Baibel bai i no inap stap olsem wanpela bilip bilong yumi.

> Lk. 24: 44 – 47, John 10: 35, 1 Korin 15: 3 – 4, 2 Tim 3: 15 – 17, 1 Pita 1: 10 – 12, 2 Pita 1: 20 – 21

 5. Sin, Sin I kam long Adam na Ol Sin yumi yet I mekim

Mipela bilip olsem sin i bin kam long graun long pasin bikhet na sakim tok bilong tupela namba wan tumbuna papamama bilong yumi, na sin I bringim dai. Mipela bilip olsem i gat 2pela kain sin, em as bilong sin na sin yumi yet i save mekim.

Mipela bilip olsem, as bilong sin em i save bagarapim olgeta gutpela pasin bilong God long ol lain tumbuna bilong Adam. Dispela pasin I mekim na olgeta I stap longwe long stretpela pasin bilong God. Olpela bel I kirapim manmeri long olgeta taim sakim tok bilong god na mekim sin.

Yumi bilip tu olsem dispela as bilong sin i save stap yet insait longbel bilong manmeri bihain long em i tanim bel pinis na I stap igo inap long taim Holi Spiurit I makim kamap nambe tu wok marimari.

Mipela bilip olsem, as bilong sin i narakain long sin yumi yet mekim long wanem em i kam long Adam na mama karim yumi wantainna em no asua bilong yumi. Yumi nogat asua igo inap long yumi tok nogat long rot God I makim bilong tekewe dispela as bilong sin o pasin bilong lotuim mi yet.

Mipela bilip olsem sin yumi yet i mekim em kain sin we, yumi save pinis long Lo bilong God I tok nogat long mekim tasol yumi pasim ting na go het na mekim rong.

Yumi no ken paul wantaim ol asua yumi no klia na mekim, rong o yumi lus tingting long sampela samting na ino mekim o Sampela gutpela samting bai yumi ina mekim tasol yumi no mekim. Ol dispela kain samting I soim olsem mak bilong Pundaun bilong Adam istap yet na kamap ples klia long laip bilong yumi.

Mipela I bilip olsem manmeri husat I kalapim lo na mekim sin , ol tru tru brukim lo bilong laikim God na arapela manmeeri na dispela I soim olsem em nogat bilip long God.

>As bilong Sin: Stat 3; 6: 5, Job 15: 14, Buk Song 51: 5, Jer. 17: 9 – 10, Mk. 7: 21-23, Rom 1: 18-25, 5: 12-14, 7: 1-8: 9; 1 Korin 3: 1-4, Gal 5: 16-25, 1Jon 1: 7-8 –

>Sin yumi mekim. Mat 22: 36-40, {wantaim 1 Jn 3: 14} Jn 8: 34-36; 16: 8-9, Rom 3: 23, 6: 15-23, 8: 18-24, 14: 23, 1 Jn. 1: 9, 2: 4, 3: 7-10).

 6. Wok Jisas i bin mekim bilong baim bek Yumi

Mipela bilip olsem Jisas I kisim bikpela pen, blut bilong em I kapsait taim em I dai long Diwai Kros na em I dai. Dispela dai bilong em inap kisimbek olgeta manmeri na em tasol bai Rausim sin na mekim manmeri I kamap kiln olgeta.

Dai bilong Jisas tu inap kisim bek ol sampela manmeri husat igat hevi wantaim bodi na ino inap mekim stretpela pasin. Tu em inap kisim bek ol liklik bebi o pikinini husat ino save wanem pasin em bai mekim na wanem pasin I tambu long mekim. Taim pikini I kamap bikpela na save gut long wanem pasin em inap mekim na wanem pasin I tambu, em yet mas tanimbel na bai God I kisimbek em.

>Aisaia 53: 5-6, 11; Mark 10: 45, Lk. 24: 46-48, Jn 1: 29, 3: 14-17, Ap. 4: 10-12, Rom 3: 21-26, 4: 17-25, 5: 6-21, 1 Korin 5: 14-21, Gal. 1: 3-4, 3: 13-14, Kol. 1: 19-23: 1 Tim. 2: 3-6, Taitus 2: 11-14, Hib. 2: 9, 9: 11-14, 13: 12, 1 Pita 1: 18-27, 2: 19-25, 1 Jn. 2: 1-2

7. Marimari i go pas

Mipela bilip olsem manmeri i piksa bilong God yet, na ol i gat pawa long makim gutpela rot na rot nogut. Sapos man I mekim rong em yet mas karim kaikai biolong dispela rot em makim. Long sin bilong Adam tasol em mekim man i kamap nogut na ino inap helpim em yet. Tasol yumi bilip tu olsem long marimari bilong God long wok bilong Jisas, marimari bilong God igo aut na karamapim olgeta manmeri. Dispela pasin bilong God I mekim bai yumi gat rot bilong lusim sin pasin na mekim stretpekla pasin, bilip long Jisas bai em I lfogivim na lusim sin na mekim olgeta gutpela wok long ai bilong God. Yumi bilip tu olsem bihain long yumi kamap Kristen na pulap long Holi Spirit, yumi ken lusim bilip na go bek long olpela bel na mekim sin gen na lus olgeta sapos yumi no tanimbel gen na kambek long Jisas.

>Piksa bilong God na pasin bilong bihainim stretpela pasin: Stat 1: 26-27, 2: 16-17, Lo 28: 1-2, 30: 19: Jos. 24: 15, Buk Song 8: 3-5, Aisaia 1: 8-10, Jer. 31: 29-30, Ez. 18: 1-4, Maika 6: 8, Rom 1: 19-20, 2: 1-16, 14: 7-12, Gal 6: 7-8 – ol samting yumi yet ino inap mekim. Job 14: 4, 15: 14, Buk Song 14: 1-4, 51: 5, John 3: 6a, Rom 3: 10-12, 5: 12-14, 20a, 7: 14-25. Fri marimari na ol wok bilip. Ez 18: 25-26, Jn 1: 12-13, 3: 66, Ap. 5.31, Rom 5: 6-8, 18; 6:15-16, 23; 10: 6-8, 11: 22, 1 Korin 2: 9-14, 10: 1-12, 2 Korin 5: 18-19, Gal 5: 6, Ef 2: 8-10, Fil 2: 12-13, Kol 1: 21-23, 2 Tim 4: 10a, Taitus 2: 11-14, Hib 2: 1-3, 3: 12-15, 6: 4-6, 10: 26-31, Jems 2: 19-22, 2 Pit 1: 10-11, 2: 20-22).

# 8. Tanim Bel

Mipela bilip olsem tanim bel, em pasin we wanpela i senisim tingting na wokabaut nogut i kam long God long laik bilong em yet. Em yet I pilim bel kot long olgeta pasin nogut em mekim na givim baksait long sin. Dispela em rot God I makim bilong kisim bek ol m,anmeri long sin. God I harim prea na em I lusim sin na givim nupela laip insait long spirit.

> 2 Stori 7: 14, Buk Song 32: 5-6, 51: 1-17, Ais 55: 6-7, Jer 3: 12-14, Ez 18: 30-32, 33: 14-16, Mk 1: 14-15, Lk 3: 1-14, 13: 1-5, 18: 9-14, Ap 2: 38; 3: 19, 5: 31, 17: 30-31, 26: 16-18, Rom 2: 4, 2 Korin 7: 8-11, 1 Tes 1: 9; 2 Pita 3: 9.

9. Kamap stretpela, Kamap Nupela, na Kamap Pikinini bilong God

Mipela bilip olsem kamap stretpela em I gutpela wok bilong God na stretpela kot bilong em, God I save lusim olgeta sin em bin mekim wantaim pei bilong sin na kisim em olsem stretpela man o meri. God I mekim olsem long olgeta manmeri husat hudsat I bilip long Jisas na kisim em olsem Bikpela na man biong Kisimbek ol.

Mipela bilip olsem tanim bel, o kamap nupela em i naispela wok bilong God yet we Em i kirapim bel bilong husat I tanimbel pinis nupela laip long spirit, em yet inap bilip, gat p[asin bilong laikim and bihainim tok.

Mipela i bilip olsem, long olgeta husat I tanimbel pinis, God imekim ol I kamap pikinini bilong God yet.

Mipela bilip olsem kamap stretpela, kamap nupela na kamap pikinini bilong God i save kamap wantaim o semtaim, taim sin man i painim God, na ol dispela samting i kamap long bilip na Holi Spirit I tokaut long dispela senis I kamap pinis long bel.

> Lk 18: 14, Jn 1: 12-13, 3: 3-8, 5: 24, Ap 13: 39, Rom 1:17, 3: 21-   26, 28; 4: 5-9, 17-25; 5: 1, 16-19, 6: 4, 7: 6, 8: 1, 15-17; 1 Korin 1:30, 6:11, 2 Korin 5: 17-21, Gal 2: 16-21, 3: 1-14, 26, 4: 4-7, Ef 1: 6-7; 2: 1, 4-5, Fil 3: 3-9, Kol 2: 13, Taitus 3: 4-7, 1 Pit 1: 23, 1 jn 1:9, 3: 1-2, 9: 4: 7, 5: 1, 9-13, 18

# 10. Kristen i stap Holi na Namba Tu Wok Marimari bilong Holi Spirit

Mipela bilip olsem tanim bel em i wok bilong God yet we Em i save mekim ol bilip man meri i kamap olsem piksa bilong Jisas. Dispela pasin i kamap long marimari bilong God long wok bilong Holi Spirit taim man i kam long Jisas nambawan taim long dispela taim tu man i kamap nupela. Bihain long dispela man i kamap narakain olgeta. Long dispela taim em kamap olsem piksa bilong Jisas – Mipela bilip olsem nambatu wok marimari em i wok bilong God yet bihain long tanim bel we bilip man i kamap fri olgeta long as bilong sin. Holi spirit long stat bilong bilong wanpela man o meri t I tanimbel istat long wok na senisim em I kamap olsem piksa bilong Jisas igo igo inap long em i dai na go long heven na kamap ful piksa tru bilong Jisas yet

Mipela I bilip olsem namba tu wok marimari em wok God yet I mekim, bihain long wanpela man o meri I tanimbel pinis. Dispela namba tu wok marimari I rausim as bilong sin na mekim man kamap bilong God God wanpela tasol na olgeta taim redi long bihainim tok bilong God wanrtain pasin bilong laikim tru God. Long dispela taim tasol God I kilim bel, pulimapim Kristen wantaim Holi Spirit na givim pawa bilong stap laip olsem Kristen na bilong mekim olgeta wok bilong God.

Blut bilong Jisas I bringim namba tu wok marimari na em I kamap long bilip tasol bihain long man o meri I givim em olgeta igo long God na redi long bihainim tok bilong God. Holi Spirit yet i save tok aut olsem em i tru- dispela senis I kamap pinis

I gat kain kainrot long kolim ol dispela wok kamap. Sampela i olsem "Kristen kamap stretpela" "pasin bilong laikim tru I kamap stretpela", bel I kamap kiln tru" "baptais wantaim o "pulap long Holi Spirit", pulap long blessing na "kisim pasin holi bilong Kristen".

Mipela bilip olsem i gat bikpela mak tru namel long klinpela bel na kamap strongpela Kristen manmeri. Namba wan samting ikam long yumi wantu tasol, long wok bilong namba tu wok marimari na namba tu wok em i kaikai bilong gro insait long marimari bilong God na Kristen wokabaut.

Mipela bilip olsem insait long namba tu wok marimari bilong God, spirit bilong God yet i save mekim man i laik kamap man olsem Jisas. Em i wok bilong yumi long lukautim dispela hangre na ol kainkain rot bilong kamap long dispela mak. Sapos yumi no mekim olsem, bai dispel rot I lus olgeta.

Yumi noken stap wanpis Kristen. Nogat. Wokbung na stap wantaim arapela long long kisim moa mari. Em long, bung wantaim, strong long bihainim Jisas, na kisim ol sakramen bilong sios, ol Kristen i gro strong na i laikim God na ol manmeri husat stap klostu.

> Jer 31: 31-34, Ez 36: 25-27, Mal 3: 2-3, Mt 3: 11-12, Lk 3: 16-17, John 7: 37-39, 14: 15-23, 17: 6-20, Ap 1: 5, 2: 1-4, 15: 8-9, Rom 6: 11-13, 19; 8: 1-4, 8: 14, 12: 1-2; 2 Korin 6: 14-7:1, Gn 12:20, 5: 16-25, Eph 3:14-21; 15: 17-18, 25-27, Fil 3: 10-15, Kol 3: 1-17, 1 Tes 5:23-24;Hib 4: 9-11, 10: 10-17; 12: 1-2, 13: 12, 1John 1:7,9) ("Kamap olsem Krais", givim bel" Lo 30: 6, Mat 5: 43-48, 22: 37-40, Rom 12: 9-21, 13: 8-10, 1 Korin 13, Fil 3: 10-15; Hib 6: 1; 1 John 4: 17-18 "Klinpela bel" Mat 5: 8, Ap 15: 8-9, 1 Pita 1: 22, Jn 3: 8, "Baptais long Holi Spirit". Jer 31: 31-34, Ez 36: 25-27, Mal 3: 2-3, Mat 3: 11-12, Lk 3: 16-17, Ap 1: 5, 2: 1-4, 15: 8-9 "Pulap long Blesing"Rom 15: 29 "Kristen i stap Holi". Mat 5: 1-7, 1 Tes 3: 13, 4: 7-8; 5: 23, 2 Tim 2: 19-22, Hib 10: 19-25, 12: 14; 13: 20-27, 1 Pit 1: 15-16, 2 Pit 1: 15-16; 2 Pit 1: 1-11, 3: 18, Jud 20-21)

Mipela bilip olsem sios, ples we ol manmeri bilong God i save bung na tokaut olsem Jisas Em i Bikpela, na tok promis ol i mekim long Bikpela jisas. Bodi bilong Krais i bung wantaim long Holi Spirit long Baibel. God i singautim ol manmeri insait long sios long tokaut long laip bilong sios we ol: stap wanbel long lotu na long autim tok bilong God, bihainim olgeta sakramen, na ministri long nem bilong Em, bihainim olgeta tok bilong God, stap klin na helpim wanpela narapela. Misin bilong sios long dispel graun i bilong sherim wantaim narapela dispel wok Jisas i mekim long baim bek ol man meri insait long strong na pawa bilong spirit. Sios i save inapim wok misin bilong Em long mekim disaipel long wok evangelis, skulim ol man, soim sori, wok long stretim arapela, na kamap witness long Kingdom bilong God.

Sios i bin stap bipo tru na sampela kalsa i stap insait long en, em i stap olsem wanpela kongrigesen na wanpela bikpela God long olgeta hap graun, we em i luksave long ol man meri long wok ol inap mekim.

God i laikim sios long stap aninit long Em na wetim dispel de we Jisas bai kamap ples klia.

> Ex 19: 3, Jer 31: 33, Mt 8: 11, 10: 7, 16: 13-19, 24; 18: 15-20, 28: 19-20, Jn 17: 14-20; 20: 21-23, Ap 1:7-8, 2: 32-47; 6: 1-2; 13: 1; 14: 23; Rom 2: 28-29; 4: 16; 10: 9-15, 11: 13-32, 12: 1-8, 15: 1-3, 1 Korin 3: 5-9; 7: 17, 10: 11: 17-33; 12: 31, 14: 26-40, 2 Korin 5: 11-6: 1; Gal 5: 6, 13-14; 6: 1-5, 15, Ef 4: 1-17, 5: 25-27, Fil 2: 1-16; 1 Tes 4: 1-12, 1 Tim 4: 13, Hib 10: 19-25, 1 Pit 1: 1-1, 13; 2: 4-12, 21; 4: 1-2, 10-11, 1 Jn 4: 17; Jut 24; KTH 5: 9-10

11. Wanpela Sios

Mipela I bilip long wanpela sios, em dispela komuniti husat I save tokaut olsem Jisas Krais I Bikpela, Ol kontrak manmeri bilong God husat I kamap nupela insait long Krais, Bodi bilong Krais husat I stap bung wantaim long Holi Spirit na Tok.

God I singautim Sios bilong Em long stap iolsem wanpela tim na wokbung wantain insait long Spirit, lotu bung wantaim na harim tok bilong God, kisim ol sakramen na wok ministri long nem bilong Em, bihainim tok bilong Jisas, wokabaut long pasin holi na wanpela I lukautim Kristen laip bilong arapela na mekim gut long em.

Wok misin bilong Sios long dispela graun, em long autim long Jisas laik kisimbek ol na kamap wanbel wantaim manmeri na God long pawa bilong Holi Spirit. Sios I inapim dispela wokmak long kamapim ol disaipel long wok bilong evanselis, wok edukesin, wok marimari long arapela, bringim gutpela na stretpela pasin na lo, na stap olsem witnes bilong God.

Histori I soim olsem Sios I save senisim em yet na save wok gut wantaim kainkain kalsa o lain grup long dispela graun, em stap olsem wanpela lokal sios na tu olsem wanpela bikpela bodi long dispela graun, tu dispela lain o grup em bilong God bilong mekim ol wok bilong God. God I singautim Sios bilong em long stap aninit long gavman bilong em na redi long kambek bilong Jisas na ol samting I kamap long las dei.

> Kisimbek 19:3; Jeremaia 31:33; Matyu8:11; 10:7; 16:13-19, 24; 18:15-20; 28:19-20; Jon 17:14-26; 20:21-23; Ap 1:7-8; 2:32-47; 6:1-2; 13:1; 14:23; Ro 2:28-29; 4:16; 10:9-15; 11:13-32; 12:1-8; 15:1-3; 1 Ko 3:5-9; 7:17; 11:1, 17-33; 12:3, 12-31; 14:26-40; 2 Ko 5:11-6:1; Ga 5:6, 13-14; 6:1-5, 15; Ef 4:1-17; 5:25-27; Fi 2:1-16; 1 Te 4:1-12; 1 Ti 4:13; Hi 10:19-25; 1 Pi 1:1-2, 13; 2:4-12, 21; 4:1-2, 10-11; 1 Jo 4:17; Jut 24; KTH 5:9-10)

 ## 12. Baptais

Mipela bilip olsem Kristen baptais, Bikpela Jisas yet i bin tokim yumi long mekim em wanpela sakramen we i tokaut long man i kisim kaikai bilong wok Jisas I mekim bilong kisimbek yumi. Olgeta bilip man na meri I ken kisim bilong tokaut long bilip bilong ol long Jisas Krais as man bilong kisim bek ol na redi long harim tok na bihainim pasin holi and stretpela pasin.

Baptais em piksa tasol bilong nupela kontrak. Yangpela pikinini i ken kisim baptais sapos papa mama o ol was papamama husat inap givim tok orait na wanbel long bringim ol i kam antap long Kristen pasin.

Baptais i ken kamap long pasin bilong kapsaitim liklik warawantaim han o lip o laplap, na tu kapsaitm wantaim kap o liklik dis antap long het o pusim bodi go aninit long wara olgeta.Man husat laik kisim baptais em yet inap tokaut long wanem long dispela tripela rot em laikim.

    Mt 3:1-7, 28: 16-20, Ap 2: 37-44, 8: 35-39, 10: 44-48; 16:29-34, 19: 1-6, Rom 6: 3-4, Gal 3: 26-28, Kl 2: 12, 1Pit 3: 18-22

13. Kaikai bilong Bikpela

Mipela I bilip olsem Tingim Dai bilong Jisas na Kaikai Bilong Bikpela, em Bikpela na Man bilong kisimbek yumi Jisas yet I kamapim na tokim yumi long bihainim. Pasin bilong Kisim Kaikai bilong Bikpela, em Nupela Testamen sakramen, em tokaut liong Jisas I dai olsem ofa na long dispela dai bilong em yumi gat laip na God I kisimbek yumi na tu promis long olgeta blessing yumi bai kis9im long nem bilong Jisas. Em bilong olgeta huast I amamstru long wok Jisas I mekim na mekim dispela pasin igo inap Jisas I kambek gen. Em kaikai bilong ol Kristen , husat I bilip long Jisas na laikim tru ol arapela Kristen, God I singautim olgeta long kam na kisim kaikai.

    Kisinmbek 12:1-14; Matyu 26:26-29; Mak 14:22-25; Luk 22:17-20; John 6:28-58; 1 Korin 10:14-21; 11:23-32

14. God Yet inap Long Oraitim Sikman

Mipela bilip long tok bilong God tasol we i tok God yet tasol i ken oraitim sik man. Mipela bilip tu olsem marasin tu i ken helpim na oraitim sik man.

    2 Kings 5: 1-19, Buk Song 103: 1-5, Mt 4:23-24, 9: 18-35, Jn 4: 46-54, Ap 5:12-16, 9: 32-42; 14: 8-15, 1 Korin 12: 4-11, 2 Korin 12:7-10, Jems 5:13-16

15. Jisas Bai Kam Bek Gen Namba Tu Taim

Mipela bilip olsem Jisas Krais bai kam bek gen bihain. Yumi ol man i stap laip bai ino inap go paslain. Ol man i dai pinis bai kirap bek pastaim. Sapos yumi pas tru wantaim Jisas, bai yumi bungim Em long skai na bai yumi stap wantaim em oltaim oltaim.

    Mt 25:31-46; Jn 14:1-3, Acts 1:9-11, Fil 3:20-21, 1Tes 4:13-18; Taitus 2:11-14, Hib 9:26-28, 2Pita 3:3-15, KTN 1:7-8, 22:7-20

16. Kirap Bek, Bikpela Kot, na Ples Kot i Skelim

Mipela i bilip long kirap bek bilong ol daiman. Bodi bilong ol Kristen na haiden wantaim bai kirap na kisim spirit. "Ol man i bin mekim gut bai ol i ken kisim laip i stap oltaim oltaim na ol man i no bin bihainim Jisas bai ol i lus olgeta na i go long ples paia we ol bai pilim pen oltaim oltaim.

Mipela bilip olsem dispela kot bai no gat wanpela bai abrusim na God bai skelim ol inap long pasin ol i mekim taim ol istap laip long dispela graun.

Mipela bilip olsem gutpela na namba wan laip tru i bilong ol manmeri husait i bin tanim bel na bilip long Jisas na ol man meri husait ino bilip bai ol igo long ples paia na pilim pen oltaim oltaim.

SIOS GAVMAN BILONG YUMI

WANPELA HOLI KRISTEN SIOS

Yumi luksave long tok bilong God i tok, "Ol lain bilong God" we yumi autim sin bilong yumi na yumi kamap "wanpela, holipela bikpela sios istap long olgeta hap graun na tu yumi bihain ol wok apostel na skul tok tok bilong ol." Baptais i kam insait long sios bilong Jisas Krais em i wanpela samting we yumi wanwan i tok aut long marimari bilong Jisas. ol pasto bilong yumi i kisim namba pinis "insait long sios bilong God". ol kongrigesen bilong yumi em hap tasol bilong Bikpela sios long olgeta hap graun. Yumi luksave long Baibel i tok long pasin holi bilong God na sios bilong Em Spirit bilong God yet i bin kamapim we i stap olsem wanpela kain rot o we bai ol man meri i kisim helpim. Sios i tokaut olsem we bilong lotuim God em samting tru long laip bilong olgeta manmeri.

Olsem na sios i singaut long olgeta sin manmeri long tanim bel na senisim laip bilong ol. Em tu laik kamapim, ol i mas i stap holi olgeta long olgeta wokabaut na pasin. Sios yet i mas i stap gutpela piksa long tok em yet i save autim.

Poroman wantaim Tingting bilong God

Wok bilong God em i nambawan tru, na yumi kisim wok misin bilong yumi long Em yet, husat i bin wokim skai na graun na bin putim olgeta samting i stap long posisin bilong ol yet. Em i wokim man olsem piksa bilong Em yet long wanem Em i laikim bai pasin bilong givim bel na laikim tru bai i mas gro Bikpela moa yet. Taim sin i bin kam long graun, em i bin bagarapim gutpela wok bilong God. Wanpela bikpela as tingting God i bin gat em long kisim bek ol man meri bilong Em gen long bagarap bilong sin.

John Wesly i kolim dispela kamap holi o "God yet i mekim tewel bilong yumi i kamap olsem piksa bilong Em Yet"- we yumi bihainim "stretpela na trupela pasin holi". Wok bilong God i bin kamap ples klia taim Em i bin singautim Abram. Em i tok bai ol tumbuna bilong Abram "bai i kamap lanti tumas long olgeta hap graun" (Stat 12:1-2) na dispela tok i kamap tru long histori bilong ol Hibru, ol i stap olsem witnes long dispela trupela na wanpela God. Ol i autim nem bilong em long olgeta hap graun.

Kristen i luksave long God olsem wanpela Holipela God Triwan. God yet i kamap ples klia long pikinini bilong Em Jisas Krais. Holi spirit i save invaitim na givim strong long yumi taim yumi laik mekim wok bilong Em. Sios i bihainim dispela blesing na wetim ol manmeri i kamap orait long dispela laip. Yumi joinim ol arapela Kristen long wok bilong God tasol yumi mas holim pas dispela driman we wanwan nem bilong lotu i no ken kamap olsem "rot blok" long wok bilong God, long wanem Krais i opim dua long olgeta manmeri long olgeta hap graun.

Wok Misin olsem Krais long Wol

As bilong Kristen wok ministri i stap long tok bilong God yet. Em yet i tokim yumi long laikim bilong Jisas Krais. Kristen i strongim dispela tingting long taim ol i baptais. Long dispela taim ol i tokaut olsem ol i disaipel bilong Jisas Krais. Mekim narapela i kamap strong em i wanpela strongpela wok. Em wanpela sain bilong marimari bilong God, long laip bilong yumi. Olgeta manmeri insait long bodi bilong Krais i gat wok bilong mekim. Ol lain husait God i singautim ol long wanwan eria we sampela God i singautim ol long kamap Pasto, Singaut bilong ol i stap insait tru long bel bilong ol.

Ol Pasto na leiman bilong lokol sios na distrik i ken luksave na strongim ol manmeri i gat gutpela pasin na makim ol long Distrik Assembli: ol leiman meri i ken helpim o strongim wok bilong God tasol em i no ful taim wok bilong ol long autim tok or kamap olsem Pasto. Ol Elda husat i kisim odinesin tasol i ken autim Gutnius bilong Krais, mekim ol sakramen, strongim narapela long lotu na givim stia long sios. Ol Pasto na leiman meri, tasol, ken makim Jeneral o Distrik superintenden long Distrik Assembli. Distrik Suprintenden i save givim stia long ol Pasto, Sios, memba na ol Kristen long wanpela eria tasol.

General Suprintenden i gat bikpela pawa moa we em i lukautim wok bilong sios long olgeta hap graun. Em i bilong givim stia long sios long sait bilong tiolosi, bilip na doktrin blong sios. Wok bilong em long lidim sios i go long narapela level. lukluk bilong ol Jeneral Suprintenden em bilong soim rot long Intanesenel Sios na lukautim gut ol samting bilong sios. Ol mas luksave long wanem hap we ol man meri i nidim helpim na mas traim long helpim long bodi na spirit wantaim.

Taim wanpela pasto i kisim odinesin o kamap elda long Distrik Asembli em i gat wok long stap wanbel wantaim dispela misin or sios long olgeta bilip na bun bilip bilong em.

OL LO BILONG YUMI

Ol Nasarin oltaim i save luksave olsem sios bilong ol i wanpela hap bilong sios stap long olgeta hap graun. Moa long dispela yumi bilip olsem Baibel i no gat wanpela kain sios gavman em i tok yumi ken bihainim tasol yumi i wanbel long bihainim sampela lo we em i no birua long tok bilong Baibel. Long dispela as, mipela i bilip olsem, "wok mission bai stretim sios" - long hausat sios gavman bilong yumi i stap long en. (2013 – 2017 Inglis Hanbuk, Histori Toktok, pp. 17-19).

Sios bilong Nasarin i holim strong na mekim kamap gutpela moa demokratik pasin bilong ranim sios na winim Metodis Episkopal. Sios I givim moa pawa na namba na luksave long ol Pasto na lemanmeri na dispela pasin I winim Metodis Episkopal lo we i tok orait na banisim sia o ofis ol i holim long en. Daunbilo em sampela ol lo bilong Nasarin Sios:

- Yumi gat tripela kain level sios gavman:

    1. Kristens na ol Kongrigesen i makim ol deleget long makim ol long Distrik Asembli wan yia wan yia.

    2. Distrik Assembli i save makim deleget bilong Jeneral Assembli we ol i save long olgeta foapela yia.

    3. Olgeta disisen Jeneral Asembli i save mekim em laspela disisin na em bilong sios long olgeta hap.

- Jeneral Assembli i save makim ol Jeneral Suprintenden husat i save givim stia long sios long olgeta ministri na yusim pawa bilong ol long olgeta Nasarin Sios. Ol bai i stap Jeneral inap long wanpela Asembli i go inap long narapela assembli. Ol bai i go long ileken long olgeta foa yia foa yia. Olgeta Jeneral Suprintenden i gat wok mak bilong ol long ranim Distrik Assembli na givim odinesin o elda insait long eria we em i stap het long en. Namba bilong Jeneral Suprintenden i wok long senis i go i kam tasol em bin sanap long 6 inap long 1960. Olgeta bung wantaim na ol i fomim o kamapim Bod bilong Jeneral Suprintendens we ol i save bung plenty taim insait long wanpela yia.

- Ol sios i stap insait long wanpela eria i kamapim wanpela grup na dispela grup i kamapim wanpela Distrik. Distrik Suprintenden i go pas long olgeta wok insait long dispela distrik. Ol distrik sios i kamap misin sios we ol i bung olgeta wanwan yia long Distrik Asembli. Distrik Asembli i save makim Distrik Suprintenden wok bilong Em, i bilong lukautim ol Pasto long plainim na groim nupela sios tu. Gutpela bilong Distrik tu i stap long han bilong Distrik suprintenden.

- Sios i save singautim Pasto bilong ol yet tasol ol i mas toksave long DS pastaim na kisim stia na tingting bilong em pastaim. Hau long lukautim man na ranim sios em bisnis bilong lokol sios yet.

- Ol Nasarin Distrik i bung wantaim na kamapim wanpela rijin (olsem Afrika, Esia Pasifik, igo igo). Dispela ol rijins i sut moa long wok misin na i no long sios gavman.

- Wanpela tok lo o tok orait istap isave givim stong long wanpela distrik iken kisim ol haus na haus pasto I kamap olsem distrik propeti.

- Man meri wantaim i ken holim wok bilong ol Elda na leman insait long sios.

- Yumi kolim dispela buk bilong givim stia long yumi insait long Nasarin Sios – Mannual or Hanbuk. Senis long Hanbuk i save kamap long Jeneral Assembli.

WANPELA SIOS

Lokol Sios

Nasarin Sios i laikim bai olgeta manmeri i mas tanim bel na kamap nupela na luksave tu long marimari bilong God. Dispela bai kamap taim man i kam long Jisas Krais long strong na pawa bilong Holi Spirit.

Namba wan wok bilong yumi em "bilong mekim ol manmeri i kamap disaipel bilong Jisas long olgeta hap graun". Yumi i gat wok tu long mekim ol bilip manmeri i kamap memba na lotu wantaim. Yumi mas skulim na strongim ol tu long sanap strong.

Distrik Sios

Ol lokol sios i stap insait long wanpela distrik na rijin. Distrik ino stap wanpis, nogat! Em i wanpela bikpela ogenaisesen we olgeta lokol sios i bung wantaim na i kamapim distrik. Ol i stap bilong skelim ol samting na karim hevi wantaim.

Jeneral Sios

Samting we i strongim na holim strong Sios bilong Nasarin em ol bilip, bun bilip, lo na ol we bilong ranim sios we i stap insait long Hanbuk bilong Nasarin Sios.

Ol strongpela tok bilong Bun Bilip istap insait long Nasarin Hanbuk I pasim gut yumi olgeta Nasarin manmeri long dispela graun.

Mipela i amamas tru long olgeta sios insait long rijin wantaim ol kainkain tokples long tanim dispelabuk i go long tokples bilong ol yet na skelim long olgeta manmeri na skulim ol insait long eria bilong yumi. Dispela em i wanpela samting olsem gold tred I passim na bugngim yumi long mekim yumi kamap Nasarin manmeri na mekim kainkain wok.

bilong laplap I mekim I kamap naispela laplap naispela samting tru we i stap insait long Sios bilong yumi olsem Nasarin.

Klia piksa bilong dispela samting yumi tok long em long Jeneral Asembli. Dispela Asembli tasol em i gat olgeta pawa long kamapim sios bun bilip, mekim lo, na pawa i givim manmeri namba long vot insait long Sios bilong Nasarin. (Hanbuk 300).

Namba tu samting yumi glasim em Intenesenal Bod bilong Hetman (General Board), we i makim Sios long olgeta wol.

Namba tri samting em Bod bilong ol Jeneral Suprintendent, ol man husat inap tanim ol toktok long Hanbuk, oraitim sampela senis long kalsa o pasin tumbuna na kisim odinesin long ministri.

Gavman bilong Sios bilong Nasarin em i samting bilong ol wanwan man o meri husat i makim Sios i ken i gat tok long ran bilong en. Em i no bilong ol hetman tasol long kontrolim o tu ino bilong ol kongrigesen long bosim tu.

Sios em i stap join wantaim. Em i join wantaim wanpela narapela. Dispela pasin we sios we join wantaim na strong olgeta i winim strong bilong sios i laik stap bilong en yet wanwan.

As bilong dispela strong i kam long we? Dispela em Jisas Krais tasol. (Sios bilong Nasarin Hanbuk 2013-2017).

SIOS I JOIN WANTAIM

Sios bilong Nasarin em i join gut tru insait long "holines bung". Em i no stap bruk bruk or lus nabaut nabaut. Em i no wanpela lotu we i nogat ol lo na bilip – nogat tru.

Sios ino pret long tokaut olsem em i join na pas gut wantaim ol arapela.

Taim yumi tok olsem yumi minim olsem yumi i join wantaim narapela na wanpela. Long dispela we ol i bung wantaim na kamapim District. Yumi igat wok long mekim ol manmeri i kamap disaipel long olgeta hap graun. Yumi i gat wok long arapela i mas save long wok yumi mekim na yumi mas save long wok bilong ol tu. Em i wok bilong yu long lukautim gut ol dispela bilip bilong yumi.

Olsem wanpela sios i join wantaim yumi i gat:
- wankain bilip
- wankain laik
- wankain misin
- wankain wokmak

Yumi olgeta i save wok bung wantaim long sapotim wok misin taim yumi save givim na sapotim Wol Evangelisim Fan na ol Misin Spesels.

Ol Nasarin i bin mekim arapela long kamap disaipel long yia 1908 i kam inap nau. Ol ples we tok bilong God i go insait long en em wok long gro yet. Taim yu givim na prea wantaim, yu joinim arapela long kamapim moa wok we yu yet i no inap kamapim long en. Wanwan ofa yumi save givim long sios bilong yumi i gat wok bilong em istap. Sios bilong Nasarin i gat strongpela bilip long wankain strong na taim yumi ken givim na i no long pasin bilong givim tasol. Dispela em i nambawan tingting bilong sios long olgeta hap graun we sios istap long ol kantri I ris na ol kantri stap rabis.

Wol Evangelisim Fan em wanpela fan we mama sios i save wokim plen bilong sapotim wok Misin. Sampela taim bai yu harim dispela nek "fandim wok misin". Dispela tok i gat bikpela na plenti mining moa long "Wol Evangelisim Fan" we ol i yusim long strongim na sapotim wok misin long olgeta hap graun.

Sapotim wok misin na ol ministri bilong sios i stap laip na strong long Wol Misin long olgeta hap kona bilong graun. Sapotim long givim moni em i bikpela samting tru long ol planti man na meri husat i save givim.

Taim yumi lukluk long total bilong ol manmeri husat i save givim long wol, klostu olsem 86.1 pesen long olgeta samting i kamap i kambek gen long sios bilong yu. Ol ministri o wok long Distrik i yusim 4.5 pesent long dispela fan. Koles bilong yumi olsem Nasarin Baibel Koles i yusim 1.8 pesen long skulim ol sumatin i kamap Pasto. Bungim olgeta dispela i kamap olsem 7.6 pesent long moni bilong yu i go long Wol Evangelisim Fan bilong ol misineri, olgeta ministri long olgeta hap na ol arapela apruv spesels.

Nau yu ken luksave olsem givim bilong yu i kamapim treining, mekim disaipel na bringim dispela Gut Nius i go long ol pikinini, yangpela na ol bikpela manmeri. Taim yu givim, yu join wantaim Nasarin insait long wanpela sios we i join wantaim; yu laikim ol manmeri laip bilong ol i bagarap na bruk, winim wanpela sol i kam long Krais long olgeta hap graun na mekim ol manmeri i kamap olsem disaipel tru bilong Jisas long olgeta hap graun.

Rot ol Nasarin I givim mani long sapotim dispela wok misin

Wol Evanjelisim Fan na Misin Spesel i stap wanpela bikkpela hap bilong skelim wok – Ol i mekim wok i kamap isi long salim ol misineri, trenim na kamapim nesenal lida, na trenim ol tisa long autim gutnius, skulim arapela, na skulim ol yanpela Nasarin i kam bihain.

KRISTEN. HOLINES. WOK MISIN.

Yumi luksave nau olsem driman bilong Nambawan Jeneral Suprintenden Phineas F. Bresee i karim kaikai nau. Long bipo yet em i bin toktok long "naispela lukluk" bilong Nasarin Sios we ol i stap long olgeta hap graun wantaim dispela tok bilong "Kamap Kristen na stap holi insait long God".

Olgeta Nasarin, maski wanem hap em i stap; ol I stap hap bilong dispela driman.

Wanwan laip we God i bin senisim em testimony long dispela Weslien-holines skul bilong olgeta i mas save long Jisas.

Misin bilong sios em i bilong mekim ol manmeri i kamap olsem disaipel bilong Krais. Dispela i min olsem yumi olgeta wanwan i gat wok long mekim na yumi tu i kamap gutpela wasman o stiwed long olgeta samting God yet i wokim.

Dispela wok i kam long God yet. Dispela i min olsem wok bilong yumi em i stap nambawan tru – long wok bilong Holi Spirit insait long laip bilong yumi.

Taim yumi luksave long dispela gutpela samting, sios i no inap i go bek, o em bai i stap long wanpela hap tasol longpela taim. Olsem ol disaipel bilong Jisas, "yumi wok long wokabaut i go long dispela siti – we God yet i bin plenim na wokim long en "(Hib 11:10).

Harim! God i mekim olgeta samting i kamap nupela!

1 Journal of the Twentieth General Assembly, Church of the Nazarene, (1980): 232. Franklin Cook, The International Dimension (1984): 49.

2 These words are inscribed on each ordination credential.

3 Roger L. Hahn, "The Mission of God in Jesus' Teaching on the Kingdom of God," in Keith Schwanz and Joseph Coleson, eds., Missio Dei: A Wesleyan Understanding (2011), 58.

4 John Wesley, Sermons, Volume II (1902), p. 373; John Wesley, A Plain Account of Christian Perfection, in J. A. Wood, Christian Perfection as Taught by John Wesley (1885), 211.

www.ingramcontent.com/pod-product-compliance
Lightning Source LLC
Chambersburg PA
CBHW081600040426

42444CB00013B/3175